沁阳市博物馆馆藏文物精粹

沁阳市博物馆 编

张红军 主编

文物出版社

图书在版编目（CIP）数据

沁阳市博物馆馆藏文物精粹 / 沁阳市博物馆编；张
红军主编. -- 北京：文物出版社，2020.12
　　ISBN 978-7-5010-6807-4

　　Ⅰ. ①沁… Ⅱ. ①沁… ②张… Ⅲ. ①博物馆 - 历史
文物 - 沁阳 - 图录 Ⅳ. ①K872.614.2

　　中国版本图书馆CIP数据核字(2020)第179754号

沁阳市博物馆馆藏文物精粹

编　　者：沁阳市博物馆

主　　编：张红军

责任编辑：王霄凡　孙漪娜

责任印制：张道奇

出版发行：文物出版社

地　　址：北京市东直门内北小街 2 号楼

邮　　编：100007

网　　址：http://www.wenwu.com

邮　　箱：web@wenwu.com

印　　刷：北京荣宝艺品印刷有限公司

经　　销：新华书店

开　　本：889mm×1194mm　1/16

印　　张：15.75

版　　次：2020 年 12 月第 1 版

印　　次：2020 年 12 月第 1 次印刷

书　　号：ISBN 978-7-5010-6807-4

定　　价：280.00 元

《沁阳市博物馆馆藏文物精粹》编委会

主　　编：张红军

副 主 编：贾红霞　任静雯

撰　　稿：张红军　宋　婷　庞红琳

摄　　影：牛爱红

参与编撰（按姓氏笔画排序）：

左　莉　刘辇尚　任静雯　张红军　陈晓宇

陈新苗　宋　婷　庞红琳　贾红霞　董佩佩

沁阳市地处河南省西北部，古称覃怀、河内，历为郡、州、路、府治所所在地，是豫西北政治、经济、文化的中心，素有"覃怀古郡""河朔名邦"之美誉。早在新石器时代早期，先民就在这里辛勤劳动，繁衍生息。夏为覃怀地，属冀州。商为鄂侯国，属畿内。西周为邢国地。春秋为周地、郑地，后又为晋之野王邑。战国为魏地，后又属韩国，再后为卫国。秦为河内郡所辖的野王邑。汉置野王县，后析为武德、波二县，晋废，恢复野王县，郡治由怀移至此县。隋改为河内县。唐析为太行、忠义、紫陵三县，旋复合为河内县，为怀州治所。宋析置武德县，不久复并入河内县，属河北西路怀州。金为南怀州治。元属怀孟路，后改为怀庆路。明、清为怀庆府府治所在地。1913 年废府存县，改为沁阳县。1927 年，析置博爱县。1989 年撤县建市，改为沁阳市。悠久的历史，积淀了厚重的文化，造就了丰富的文化遗产。全市现有全国重点文物保护单位邢国故城、窄涧谷太平寺摩崖、天宁寺三圣塔、沁阳北大寺、朱载堉墓、水南关清真寺阿文碑共 6 处，崇义遗址、野王古城、古羊肠坂道、邘邰静应庙、药王庙木牌楼、太平天国北伐军围攻怀庆府旧址、宋学义故居等省级文物保护单位 21 处，韩文公祠、李商隐墓、许衡祖茔、豫北暴动旧址、抗日棚、日军炮楼等市级文物保护单位 99 处。沁阳市于 1989 年被河南省人民政府公布为首批省级历史文化名城，2006 年被联合国地名专家组中国分部公布为首批中国地名文化遗产"千年古县"。

沁阳市博物馆自 1984 年建成开放以来，始终坚持把收藏、保护、宣传教育和科学研究作为主要职能，通过调拨、移交以及社会征集、私人捐献等途径，积极开展可移动文物收藏保护工作，馆藏文物由建馆初期的 200 余件（套）增至现在的 5099 件（套），其中珍贵文物达 2275 件（套）。在做好馆藏文物安全保护的同时，认真落实博物馆工作"贴近实际、贴近生活、贴近群众"的"三贴近"原则，充分利用馆藏文物开展历史唯物主义、爱国主义和革命传统教育，先后举办"沁阳革命史迹陈列""沁阳历代石刻陈列""唐代大诗人李商隐展"等各类陈列展览一百多个，开展了展览进社区、进学校、进机关、进企业、进部队等"送展下乡"活动，接待观众五百多万人次，受到社会各界一致好评，取得了良好的社会效益。先后荣获全国流散文物管理先进集体、全国文物系统优秀爱国主义教育基地、河南省文物系统优秀爱国主义教育基地和河南省优秀县级博物馆等荣誉称号。2009 年 1 月起对社会免费开放，同年 5 月被国家文物局评为国家三级博物馆。

为深入贯彻落实《博物馆条例》，进一步发挥博物馆收藏、研究、展示、教育等功能，满足人民日益增长的精神文化需求，沁阳市博物馆组织专业技术人员编写了《沁阳市博物馆馆藏文物精粹》一书。该书图文并茂地展示了沁阳市博物馆的 260 余件（套）馆藏精品，具有较高的历史、艺术和科学价值。

《沁阳市博物馆馆藏文物精粹》的编辑出版对于展示沁阳悠久历史文化、显现沁阳丰厚文化底蕴、提高人们的文物鉴赏水平、弘扬中华优秀传统文化具有重要意义。

是为序。

冯新林

目录

沁阳市位于河南省西北部，太行之阳，黄河之北，丹沁之滨，济水之旁，优越的地理环境孕育了多彩的文化。早在旧石器时代，已有先民在这里繁衍生息，遗留了大量的砍砸器、尖状器等打制石器。至新石器时代，人们已从事定居的农业生产活动。裴李岗文化、仰韶文化、河南龙山文化等早期文明的发展，为这一地区进入文明社会奠定了坚实的基础。

夏代，沁阳地处覃怀之域，属冀州所辖。商代隶属畿内，商纣王封鄂侯于邘，称鄂国。西周称野王邑，周武王封其次子诞于邘，称邘叔，其地为邘国。邘国故城现为全国重点文物保护单位。春秋战国时期，野王先后属郑、晋、魏、韩诸国。公元前241 年，韩、赵、魏、楚、卫五国合纵伐秦，秦击败五国之师后，攻取卫濮阳，将其并入东郡，为东郡治所。迁卫元君（一作卫君角，为卫元君之子）及其支属于野王，野王成为卫国国都。直至公元前 209 年，秦二世胡亥继承大统，诏废卫君角为庶人，卫国灭亡。卫国是秦始皇称帝后唯一保存下来的周天子分封的诸侯国，也是存在时间最长的周代诸侯国。

汉高祖二年（公元前205 年）置野王县，属河内郡（辖怀、武德、波、野王和平皋五县）所辖。两汉之际的河内郡"带河为固，户口殷实，北通上党，南迫洛阳"。三国时期，野王归魏，隶属司州河内郡。西晋，河内郡治徙至野王。南北朝时期，野王隶属怀州河内郡。

隋文帝开皇十六年（596 年），改野王县为河内县。唐高祖武德二年（619 年）置怀州于济源西南柏崖城。武德四年（621 年），移怀州治河内。从汉至唐，这里商贸炽旺、文化繁盛，与两京交相辉映，创造出充满活力的地域文明。

宋代，河内县属河北西路怀州河内郡。金以怀州为南怀州，河内隶之。1257 年，元宪宗蒙哥改怀州为怀孟路总管府，河内属之。元仁宗延祐六年（1319 年），"以仁宗潜邸，改怀庆路"。明太祖洪武元年（1368 年），改怀庆路为怀庆府，治河内。清代沿袭。1913 年，废府存县，改河内县为沁阳县。1989 年撤沁阳县，建沁阳市。

沁阳悠久的历史、深厚的文化底蕴、丰富的文物资源，使之成为河南省首批历史文化名城和联合国地名专家组中国分部、国家民政部、中国地名研究所联合公布的全国 100 个"千年古县"之一。沁阳市境内先后发现圪垱坡村圪垱坡遗址、范村花地岗遗址和捏掌村捏掌遗址等新石器时代文化遗址多处，还发掘了西万村玻璃厂工地汉墓、清平村西南土地局工地汉墓、亢庄村北九重天工地汉墓、西庄村汉墓、里村东汉邓禹墓、西万村北 7004 油库西侧西晋墓、廉坡村西晋墓、盆窑村西晋墓、小秦庄村西晋墓、西向公社粮所北朝墓、水南关村南腾飞制革厂唐墓、张坡村唐墓、罗庄村西北压力容器厂家属院唐墓、清平村北技术监督局唐墓、张庄村唐墓、义庄村唐墓、崔庄村宋墓、庞门村宋墓、张庄村宋墓、北环路宋墓、清平村西南石油公司工地元墓、山王庄村明墓、李大人庄村明墓、清平村西南土地局工地清墓等古代墓葬，出土了大量器物。这是沁阳市博物馆文物收藏的土壤和根基。

沁阳市博物馆创建于 1984 年，占地 1 万多平方米，建筑面积 2000 多平方米，是一座综合性地方博物馆。著名书法家、书画鉴定家、原中国书法家协会主席启功亲题馆名"沁阳博物馆"。馆中设苑是沁阳市博物馆的一大特色，苑内珍藏着从南北朝到民国时期的石刻造像、碑铭和墓志，作为"沁阳历代石刻陈列"常年对外开放。著名作家、文学翻译家、书法家、第六届全国人大常委会副委员长、民盟第五届中央委员会主席楚图南为其题名"石苑"，著名书法家、美术评论家沈鹏为其题名"石刻馆"。

沁阳市博物馆建馆 36 年来，通过考古发掘、有关部门移交、社会捐献、征集等途径，共收藏各类文物 5099 件（套），其中珍贵文物 2275 件（套），内含国家一级文物 21 件（套）。涉及从旧石器时代到近现代的各个时代。其中古代文物，也就是 1911 年以前的文物 3000 余件（套），近现代文物、也就是 1912 年以后的文物 2000 余件（套）。古代文物中以汉代和清代文物居多。从质地上看，涵盖石器、陶器、瓷器、铜器、金银器、铁器、玉器、玻璃器、珐琅器、木器、碑刻、纸质文物等，其中以陶器和铜器居多。这些体现沁阳古老文明的物质载体蕴含着丰富的历史、文化信息，从不同角度反映了沁阳的历史演变与人文面貌，具有历史、艺术和科学多重价值，既是学术研究和宣传教育的原始资料，又是可供观赏的珍宝。

一、陶瓷器

（一）陶器

陶器系质地较粗且不透明的黏土制品。由黏土（或加石英等）经成形、干燥、焙烧而成，可上釉或不上釉。烧成温度一般在 800℃以上。由于胎土原料所含成分及烧制方法不同，产品呈现出灰、白、红、褐等不同颜色。陶器的种类有日用陶、艺术陶和建筑用陶等。陶器在公元前 7000～前 6000 年就已出现，是人类社会进入新石器时代的重要标志之一，也是研究考古学文化特征的重要依据之一。

圆形。半球形纽，素平缘微内斜。纽上方形界格中有铭文"荣启奇 / 问曰答 / 孔夫子"三行九字。纽下有一树，枝叶下垂。纽左侧一人身着宽袖长袍，头戴高冠，右手拿着拐杖，左手指向前方，头微仰，似在发问，应为孔子；右侧一人头侧斜，戴高冠，身着皮裘，左手携琴，边歌边舞，十分愉悦，应为荣启期。镜背图案题材取自《列子·天瑞》："孔子游于泰山，见荣启奇行乎郕之野，鹿裘带索，鼓琴而歌，孔子问曰：'先生所以乐何也？'对曰：'吾乐甚多，天生万物，唯人为贵，而吾得为人，是一乐也。男女之别，男尊女卑，故以男为贵，吾既得为男矣，是二乐也。人生有不见日月，不免襁褓者，吾既已行年九十矣，是三乐也。贫者士之常也，死者人之终也，处常得终，当何忧哉！'""三乐镜"由此得名。这则典故中荣启奇那豁达乐观的处世态度，是人生至高至纯的精神境界，是超越万物的人生大智慧。该铜镜铸造精良，形态美观，纹饰线条流畅自然，人物造型逼真生动，画面感强，可谓唐代铜镜中的精品。

佛教自东汉时期传入中原，至三国两晋南北朝时期得到发展，隋唐时期大盛，形成天台宗、律宗、净土宗、法相宗、华严宗、禅宗、密宗以及三阶教等宗派，对我国的文学、艺术、哲学乃至社会风俗等都有较大影响。沁阳市博物馆所藏明代日月铜菩萨坐像，头戴八叶宝冠，高发髻，冠上饰八组璎珞，构成日月合抱装饰图案。面部丰满，慈眉善目。双耳系坠，坠璎垂肩。袒胸露臂，胸前佩戴璎珞。双肩披帛，帛带向下缠绕双臂。双手结说法印，双臂戴环，手腕戴镯，臂环和手镯镶嵌宝珠。下着长裙，左右足背交叠于左右股上，结跏趺坐。坐像从腰部分为上下两段，组合成像。此菩萨坐像虽为明代制造，却沿袭了唐代造像风格。其宝冠上的日月形装饰，代表了光明智慧，并具有庄严其身的作用，与佛教教义相符。虽然在"文化大革命"中局部遭破坏，但其体量和造像艺术水平在河南省均属罕见，是研究我国古代佛教文化及金属造像的重要实物资料。

玺印也称"印章""图章"，是古代官私书信往来和相互交往的凭证，也是一种书法、雕刻和冶铸相结合的艺术品。秦以前官、私印均称"玺"；秦代只有皇帝的印称"玺"，官吏和一般人的印称"印"；汉代除皇帝外，太后、皇后及诸王的印亦可称"玺"，一般人的印称"章"或"印信"；唐代改玺称"宝"，改印称"记"或"朱记"；宋以后沿唐制；明清时期有称印为"关防"的。汉以前的玺印多用作封发物件、简牍之用，把印盖于封泥之上，以防私拆，并作信验，而官印又是权力的象征。魏晋以后，随着纸张的普及，封泥渐废，改用朱色钤盖，多用于书画题识，成为中国特有的一种艺术品。印章的质料有金、银、铜、玉、琥珀、玛瑙、绿松石、象牙、石、木等，元代以后石章盛行。古代印章的形制多为正方形，也有长方形、圆形或其他形状。印的上端多有可以穿系的纽，纽的形式多种多样，如鼻纽、瓦纽、桥纽、坛纽、鼊纽、柱纽以及各种动物形态的纽等。印文有阳文（朱文）、阴文（白文）之分。沁阳市博物馆所藏元代八思巴文铜印，印面呈方形，梯形纽。印面阳刻八思巴文篆书印文，自右至左对应的汉字为"莒州镇海百户印"。印背右侧镌刻汉字"莒州百户"，左侧镌刻汉字"礼部造至正廿一年"。八思巴文是元朝忽必烈时期由国师八思巴创制的文字，属拼音文字，共有41个字母（脱胎于古藏文字母）。元至元六年（1269年）八思巴文作为国字颁行全国后，其推广却面临很大阻力。除政治和文化传统因素外，主要是因为这种文字字形复杂，再加上有的地方使用时还仿效汉字篆书的写法，更加难以识别。因此虽然元廷屡次下令用八思巴文"拼写一切语言"，但民间还是用汉字，所以八思巴文最终还是主要应用于官方文件。元八思巴文印文吸收了宋印九叠篆的特点，极为匀称整齐，棱角分明。八思巴文印的一大特点就是背款皆为汉字，这也是今天我们识别八思巴文的最重要依据。此枚铜印是1949年以来河南省出土的首枚元代八思巴文官印，为研究元代兵制及八思巴文提供了珍贵的实物资料。

沁阳市博物馆所藏金属类文物除铜器外，还有一些金银器，如明代金蝴蝶、银粉盒，清代金戒指、金耳环、金耳坠等。

三、玉石器

石器即用岩石做原料制作的生产工具，凡有人类使用痕迹或经过加工的石制品，都可称为石器。旧石器时代主要使用打制石器，新石器时代磨制石器逐渐增多。石器在青铜时代仍继续使用，到铁器时代才基本上被铁制工具所取代。沁阳市博物馆馆藏石器以新石器时代石器为主，共61件（套），器型涵盖耜、斧、凿、刀、镰、铲、镞、杵、磨盘等，其中包括一些较珍贵的文物，如裴李岗文化时期的锯齿石镰和石耜、仰韶文化时期的单孔石铲等。沁阳市博物馆所藏裴李岗文化锯齿石镰，青灰石质，半月形，背部呈弧形，刃部略有弧度，呈细密的锯齿状。镰是用来收割农作物的农具，早在7000多年以前，黄河流域已经普遍种植粟，石镰作为收割粟的工具，使用时在镰身后部捆绑竖柄，人们一手把地里的粟秸攥成一束，一手持柄挥镰将其割断。有的石镰为增加切割能力，还特意把刃部加工成细密的锯齿状。沁阳市博物馆所藏裴李岗文化石耜，青灰石质，近椭圆形。边缘有刃。通体磨光，有使用痕迹，是用于掘土、翻地的农具。沁阳市博物馆藏仰韶文化单孔石铲，青石质。梯形。上部中间有孔，边缘薄，中间厚。通体磨光，有使用痕迹，是用于垦荒、翻地的农具。耜、镰、铲、磨盘等石器的发现，不仅为研究新石器时代生产、生活用具提供了珍贵的实物资料，同时也为

晋墓中或有与墓志相近的方版和小型墓碑，但都不自名为墓志。北魏以后，方形墓志成为定制，下底上盖，底刻志文，盖刻标题。此外，有将死者的姓名、籍贯、卒年等写或刻在砖上的，也属墓志范畴。有人在生前便为自己撰写墓志。沁阳市博物馆所藏唐代司马慎微墓志，即"大唐故梓州通泉县尉司马少府夫人陇西李氏合葬碑并颂"，详细记载了墓主司马慎微的生平和家世。志云司马慎微跟随李谨行征讨高丽，进一步印证了史书中关于李谨行征讨高丽的记载。志载司马慎微的夫人李氏曾为武则天女史官，"墨敕制词，多夫人作"，对研究武则天时期的职官制度、制诰制度具有重要价值。志文所载墓主司马慎微及其父司马安上、祖司马德璋等历史人物；司马幼之出使北周等历史事件；其孙女"学综古今，才逾蔡、谢"，编辑其所撰遗文五卷等史实，史书、方志均未记载，可补史志之缺。志文所载纪王李慎、左仆射褚遂良等均为唐代重臣，对研究唐代社会政治和经济等亦具有一定的参考价值。

沁阳市博物馆所藏清曹谨墓志，即"皇清诰授朝议大夫晋授中议大夫赏戴花翎即补海疆知府前淡水同知丁卯科解元怀朴曹公墓志铭"，系晚清理学家、礼部尚书、军机大臣李棠阶撰文。志文记载了清代河内县曹谨一生为官三十年，所到之处，兴利除弊，除暴安良，"吏畏民怀，颂声大起"。尤其是在台湾八年，开渠圳，修水利，使凤山"收谷倍增，民乐厥业"，被誉为"宝岛禹王"；兴文教，崇实学，使淡水"文风日盛，人才骤增"；御外侮，抗英夷，三次打败侵台英军，维护了国家主权和民族尊严。这些事迹充分体现了曹谨勤政为民、保家卫国的高尚情操和崇高的爱国主义精神。同时，志文所载其击退英军入侵等内容，可对《清史稿》《台湾通史》等史籍进行补充和纠误。

五、近现代文物

除了陶瓷器、金属器、玉石器和石刻外，沁阳市博物馆还藏有 2000 余件（套）近现代文物，其中有许多具有较高的历史价值。如新民主主义革命时期杨介人《廉泉诗稿》、1947年沁阳县大位村土地改革委员会颁发给于树仁的土地证、1949年太行第四区行政督察专员公署布告、1951年大位村抗美援朝捐献帐、1953年宋学义使用过的腰卡等。

1919年5月4日，爆发了中国人民反帝反封建的爱国运动——五四运动。1919年12月，在五四运动的影响下，为寻求救国救民的知识和真理，沁阳县崇义村青年杨介人作为河南首批赴法勤工俭学人员，在上海乘邮轮赴法。在法期间，杨介人加入中国共产党，并创办《廉泉周刊》，传播革命思想。1923年底，杨介人赴莫斯科东方大学学习。1924年秋回国后，受中共中央北方局派遣，到安阳领导铁路沿线的工人、农民和学生运动，并先后担任中共安阳县委书记、汲县地委书记等职。1925 年，他组织领导了焦作煤矿工人和安阳六河沟煤矿工人的罢工斗争。1926 年，他又领导了广益纱厂（今豫北棉纺厂）的工人斗争。1927 年第一次国民革命失败后，杨介人在安阳乡村继续开展革命活动。1928 年冬，杨介人在安阳被捕，关押在开封监狱，后经组织营救，于年底获释。出狱后，杨介人回到家乡，在沁阳、温县继续传播马列主义，宣传革命思想，建立党的地下组织。1933 年，他受组织派遣到天津领导工人运动，因叛徒出卖再次被捕，关押在保定监狱。在狱中，杨介人同志坚贞不屈，时刻不停地同反动派进行英勇斗争。1936 年 12 月 30 日，杨介人因组织越狱暴动失败，被反动派杀害，年仅 37 岁。就义前，他正气凛然，挥笔写下"反动势力休猖狂，怎知真理胸中藏。真理唤起民众志，团结斗争有力量。党的领导是表率，纪律严明是保障。国强民富是宗旨，反动势力必灭亡"的诗句。沁阳市博物馆所藏《廉泉诗稿》为杨介人烈士 1924 年回国后所作，共 6 张，录诗 9 首，均用红色宣纸以硬笔小楷书写。主要内容包括"马列主义传到中国""人要有志气""工农受苦大""工农力量大""打倒帝国兴国家""叛徒实可恨""革命叛徒真可恶""狱中好似阎罗殿""反动势力休猖狂"等，是研究杨介人烈士革命思想及其生前革命斗争生涯的珍贵实物资料。

《太行第四区行政督察专员公署布告》是太行第四区行政督察专员公署为贯彻执行《中国人民解放军布告》而发布的。1949 年 4 月 21 日，中国人民革命军事委员会主席毛泽东、中国人民解放军总司令朱德向人民解放军发布了强渡长江、解放全中国的进军命令。同年 4 月 23 日解放南京。1949 年 4 月 25 日，为了使南方各地人民更好地了解中国共产党的政策，毛泽东主席和朱德总司令又发布了《中国人民解放军布告》，内容共八条，称"约法八章"。其中第五、六条就如何对国民党人员、散兵游勇等进行管理作了具体规定："（五）除怙恶不悛的战争罪犯和罪大恶极的反革命分子外，凡属国民党中央、省、市、县各级政府的大小官员，'国大'代表，立法、监察委员，参议员，警察人员，区镇乡保甲人员，凡不持枪抵抗、不阴谋破坏者，人民解放军和人民政府一律不加俘虏，不加逮捕，不加侮辱。责成上述人员各安职守，服从人民解放军和人民政府的命令，负责保护各机关资财、档案等，听候接收处理。这些人员中，凡有一技之长而无严重的反动行为或严重的劣迹者，人民政府准予分别录用。如有乘机破坏，偷盗，舞弊，携带公款、公物、档案潜逃，或拒不交代者，则须予以惩办。（六）为着确保城乡治安、安定社会秩序的目的，一切散兵游勇，均应向当地人民解放军或人民政府投诚报到。凡自动投诚报到，并将所有武器交出者，概不追究。其有抗不报到，或隐藏武器者，即予逮捕查究。窝藏不报者，须受相当的处分。"为贯彻执行《中国人民解放军布告》，加强对解放区国民党人员、散兵游勇等的管理，安定社会秩序，太行第四区行政督察专员耿起昌、副专员杨国平在新乡、安阳解放后，于1949年6月6日发布《太行第四区行政督察专员公署布告》，要求国民党军散兵游勇、党政人员及遣返回家之一切党政军人员必须遵守人民政府的一切法令，依法登记，上缴武器证件，改行就业。对那些仍执迷不悟，继续与人民为敌，顽固抵抗，进行破坏活动者，坚决依法予以严厉打击。《太行第四区行政督察专员公署布告》体现了解放初期中国共产党对国民党人员"投诚从宽、抗拒从严"的政策，为加强我党的统战工作、推动全国的解放事业起到了积极作用。

1950年6月25日，朝鲜战争爆发。美国随即打着联合国的旗号对朝鲜进行武装干涉，并不顾中国政府的多次警告，把战火烧到中国东北边境，严重威胁中国安全。中共中央根据朝鲜的要求以及祖国安全的考虑，做出了"抗美援朝，保家卫国"的战略决策。同年10月19日，中国人民志愿军开赴朝鲜作战。10月26日，中国人民保卫世界和平反对美国侵略委员会（简称中国人民抗美援朝总会）成立，并发表了《关于在全国普遍深入地开展抗美援朝、保家卫国运动的通告》。接着，中央又连续发出关于开展抗美援朝运动的一系列指示。为贯彻中央指示精神，沁阳县在全国率先成立了沁阳县抗美援朝委员会，各区成立了抗美援朝分会，青年自愿报名赴朝参战，百姓积极捐款捐物，在全县范围内开展了轰轰烈烈的抗美援朝运动。沁阳市博物馆所藏抗美援朝捐献账，详细记载了1951年沁阳县大位村238户群众捐款捐物支持抗美援朝的情况。账本共17页，各页均为竖行排列的捐献人姓名和捐款捐物数量。全村一次性捐款300多万元（旧币），捐粮近3000斤。其中捐款最多者为8万元，最少者为1万元。捐粮最多者为100多斤，最少者为7.5斤。既捐款又捐物的有12户。由于当时正值初冬，群众所捐多是玉米、大豆、谷子等粗粮。在当时人民群众温饱问题还没有解决的情况下，家家户户踊跃捐款捐物，充分体现了沁阳人民抗美援朝、保家卫国的爱国之情。这本抗美援朝捐献账，是以当时农村普遍流行的苏州码记录的，它不仅为研究抗美援朝、保家卫国的爱国运动提供了重要实物资料，同时也为研究我国旧时的记账法，特别是为研究苏州码在记账中的运用提供了重要的参考依据。

宋学义腰卡，为狼牙山五壮士之一的宋学义自1953年至1971年病逝前使用的腰卡。1941年9月25日，晋察冀军区一分区一团七连奉命在河北省易县西部的狼牙山阻击日伪军的进攻，掩护地方机关及群众转移。全连苦战一天，完成了阻击任务。为掩护连队撤退，第六班班长马宝玉带领四名战士把敌人引上悬崖。他们打退了敌人的四次冲锋，击毙、击伤日军 90 余人，最后弹尽路绝，誓不投降，砸毁枪支，跳下悬崖。马宝玉、胡德林、胡福才三人英勇牺牲，葛振林、宋学义负伤遇救，人们誉称他们为"狼牙山五壮士"。宋学义同志跳崖后摔伤了脊椎，在晋察冀野战医院治疗，经白求恩医院大夫建议，用旧机枪子弹袋装木条制成简易腰卡。宋学义同志转业后，腰病仍然不时复发。1953 年，党和政府在沁阳给宋学义召开庆功大会时，有关部门给他换上了这件皮腰卡。1959 年国庆节，宋学义同志带着这件腰卡登上了天安门城楼观礼台，出席了全国烈军属、残废、复员退伍、转业军人积极分子代表大会。期间在毛主席家做客，主席对宋学义的身体健康状况非常关心，还亲自察看了他身上的这件腰卡。1971 年宋学义因积劳成疾病逝后，其妻李桂荣将腰卡捐献给沁阳县文化馆，1979 年移交沁阳县文物保护管理委员会，1985 年 4 月收入沁阳县博物馆。该腰卡伴随宋学义度过了近 20 个年头，是进行爱国主义教育和革命传统教育的生动实物教材。

上述沁阳市博物馆所藏文物，是"千年古县、河朔名邦"沁阳悠久历史和灿烂文化的实物见证，是中华民族优秀传统文化不可或缺的重要组成部分，是承载灿烂文明、传承历史文化、维系民族精神的优秀文化遗产，是弘扬中华优秀传统文化的珍贵财富，是促进社会经济发展的优势资源，是进行历史唯物主义、爱国主义和革命传统教育，培育社会主义核心价值观、共筑中国梦的力量源泉。

沁阳市博物馆　张红军

第一部分

陶瓷器

彩绘陶卧羊尊

西汉（公元前206～公元8年）

长41、宽18.5、高23厘米

1981年河南省沁阳县西万公社邘邰村出土

泥质灰陶。两羊角弯曲，角上有阴刻线。额下胡须呈三角形紧贴前胸。背上有筒状尊口。尊口前后各有一长方形孔。羊尾呈三角形，紧贴臀部。四肢自然弯曲呈跪卧状。通体施红、白彩绘，彩绘大部分脱落。

灰陶盖豆

汉代（公元前 206～公元 220 年）
口径 17.5、腹径 20.3、底径 8.8、
通高 22 厘米
1984 年河南省沁阳县西向乡西
向村村民捐献

泥质灰陶。盖呈覆盘形，上有喇叭形纽。身
敛口，深腹，矮柄，喇叭形圈足。

长方形带盖红陶盒

汉代（公元前206～公元220年）
长44.5、宽20、通高18厘米
1993年河南省沁阳市王曲乡清
平村西南石油公司工地出土

泥质红陶。整体呈长方形。覆斗形盒盖，长方形
盒身。盒身可完全套入盖内。

黄釉龟座朱雀陶灯

汉代（公元前 206～公元 220 年）
龟座长 11.5、龟座宽 10、通高 28 厘米
1992 年河南省沁阳市王曲乡清平村西南
土地局工地出土

泥质红陶。上部为朱雀形灯盘，雀头高昂，翅、尾高
翘，右翅残缺。盘内施绿釉，盘底施黄釉，并塑有蟠
虺纹。中部为方柱体灯柱，施黄釉，灯柱中部饰弦纹
一周，施黄釉。底部为龟形座，龟首扭向左后方，龟
壳上有阴线刻纹饰，施黄釉。

灰陶熏炉

汉代（公元前 206～公元 220 年）
盘口径 21.5、底径 17、通高 21 厘米
1981 年河南省沁阳县西万公社邘邰村出土

泥质灰陶。由炉盖和炉身组合而成。盖呈覆钵形，顶有壶形纽，盖体有三角形镂孔。身敛口，弧腹。竹节形柄，下接炉盘。盘敞口，折沿，斜腹，平底。盘底中间有圆孔与炉柄相通。

龙首柄灰陶魁

汉代（公元前 206 ~ 公元 220 年）
口径 16.5、底径 10.5、柄长 6、高 7.3 厘米
1979 年河南省沁阳县崇义公社后韩吴村涝河出土

泥质灰陶。直口，深腹，璧形底，一侧有一龙首柄。口沿下有凹弦纹一周。器身施红彩。

红绿釉陶伎乐俑群

汉代（公元前 206～公元 220 年）
从左至右：宽 7.2、高 10 厘米，宽 7.5、高 10 厘米，宽 7、高 17.8 厘米，宽 8.5、高 20.3 厘米，宽 9.8、高 9.8 厘米，宽 7.3、高 10.6 厘米，宽 4.5、高 9.5 厘米。
1992 年河南省沁阳市王曲乡清平村西南土地局工地出土

共 7 件，均为泥质红陶。由舞蹈俑和演奏俑组成，从左至右依次叙述如下。左一，跪坐，高发髻，头微昂，右手心朝前置于肩部，左手下垂抚于琴面；左二，跪坐，高发髻，身穿高领长衫，左手下垂抚于琴面；左三，站姿，头戴平顶高沿帽，上穿紧身上衣，下着曳地长裙，双手上抬作舞蹈状；左四，头戴帽，后有髻，上身裸露，凸乳鼓腹，右臂高抬，左臂下弯，下穿宽腿裤，右腿提膝，左腿直立于地；左五，侧身盘坐，头戴斗笠，身披蓑衣；左六，跪坐，头戴高沿帽，双手置于胸前；左七，蹲坐，头戴帽，上穿交领上衣，下穿裤，双臂弯曲上抬，左右臂肘分别置于左右膝盖上。均施红绿釉。

灰陶劳作俑

汉代（公元前 206～公元 220 年）
底座长 11.3、底座宽 6.7、底座高
5.7、通高 13 厘米
1973 年河南省沁阳县西向公社
5017 工地出土

泥质灰陶。双人一前一后坐于方形高台状底座
上，均身体前倾，头向左上方扬起。底座中
空，两侧有凸棱，前侧有一圆孔。

绿釉陶卧翁

汉代（公元前 206～公元 220 年）
长 13、宽 5.5、高 6 厘米
1994 年河南省沁阳市王曲乡元
庄村北九重天小区出土

泥质灰陶。头戴帽，身穿及膝长袍。闭目合
口，颧骨突出，右手托头，左手置于腿上。
左腿置于右腿之上，自然弯曲，身体向右侧
卧。通体施绿釉。

灰陶母子俑

汉代（公元前206~公元220年）
宽8.7、高12.5厘米
1992年河南省沁阳市西环路北段
出土

泥质灰陶。女俑呈跪姿，头微下垂，斜视怀中婴儿，左手抱婴喂乳，右手抚乳。

灰陶男俑头

汉代（公元前206~公元220年）
宽9.9、高11.5厘米
2002年河南省沁阳市紫温路崇义段出土

泥质灰陶。国字脸，发髻中分，眉清目秀，高鼻梁，嘴角上翘，面带微笑。头中空，颈部有圆孔。

红绿釉陶卧牛

汉代（公元前206～公元220年）
长 20.5、高 10 厘米
1992年河南省沁阳市王曲乡清
平村西南土地局工地出土

泥质红陶。牛抬首，双目圆睁，鼻孔朝前，头上两
长角呈倒"八"字形弯曲。身躯健壮，四肢自然弯
曲呈跪卧状，尾下垂。头部和颈部施绿釉，躯干和
四肢施酱红釉。

灰陶狗

汉代（公元前 206 ～公元 220 年）
长 38、高 26 厘米
1993 年河南省沁阳市王曲乡清
平村西南石油公司工地出土

泥质灰陶。头上昂，双目前视，张口露齿，两耳略
后倾，尾上卷，四肢直立，作吠叫状。

黄釉陶戏斗双犬

汉代（公元前206～公元220年）
长10、宽7.5、高7厘米
1994年河南省沁阳市王曲乡亢
庄村北九重天小区出土

泥质红陶。一犬卧地，一犬蹲坐，坐犬用两前腿卡住卧犬，嘴咬卧犬一足。两犬作戏斗状，生动形象。

绿釉陶天鹅

汉代（公元前206～公元220年）
长11、高5厘米
1994年河南省沁阳市王曲乡亢
庄村北九重天小区出土

泥质灰陶。卧姿，颈细长，身体肥大，头向后置于背上。翅、尾处以阴线刻划出羽毛，纹饰清晰。通体施绿釉。

灰陶鸡

汉代（公元前206～公元220年）
长21.8、高21厘米
1976年河南省沁阳县王曲公社
清平村出土

泥质灰陶。鸡抬首挺胸，双目注视前方，高冠，尖喙略残，长颈，颌下有肉垂，长尾高翘，双腿并拢站立。身上以线刻纹饰表现羽毛。通体施白衣，大部分已脱落。

带盖红绿釉弦纹陶仓

汉代（公元前 206～公元 220 年）
口径 7、底径 16.3、通高 30 厘米
1992 年河南省沁阳市王曲乡清平村
西南土地局工地出土

泥质红陶。盖呈覆钵形，塑蟠螭纹。仓敛口，圆肩，筒腹，平底，三蹄足。腹部有凹弦纹三组，每组密排四周。仓身上部施绿釉，仓身下部及盖施酱红釉。

带盖红绿釉三足陶仓

汉代（公元前 206 ～公元 220 年）
口径 7.5、腹径 23.2、底径 14.8、通高 23 厘米
1994 年河南省沁阳市王曲乡亢庄村北九重天
小区出土

泥质红陶。盖呈覆钵形，四周浮雕一圈龙纹，中心为柿
蒂纹。仓直口，丰肩，圆腹，平底，三兽足。上腹饰凹
弦纹两周。盖施酱红釉，已脱落；仓身上部施绿釉，下
部施酱红釉，底部无釉，足施酱红釉。

灰陶猪圈

汉代（公元前206～公元220年）
长 19.5、宽 17.5、高 18 厘米
1992 年河南省沁阳市西环路北
段出土

泥质灰陶。整体近方形。三面有围墙，一面为
方形平台。平台一端有四级台阶，另一端置一
厕所。厕所为封闭式，悬山顶。圈内卧一模制母
猪，另有四头吃奶的小猪。

灰陶猪圈

汉代（公元前 206～公元 220 年）
长 34.5、宽 23、高 19 厘米
1973 年河南省沁阳县西向公社
5017 工地出土

泥质灰陶。整体呈长方形。其中相邻的两侧面为出檐
高墙，另外两侧面为方形平台，两平台相交处有四级
台阶。猪圈两对角各置一厕所，一为封闭式，悬山顶，
一为露天式。圈内有两组模制子母猪，均为一头母猪
和五头吃奶的小猪。

红绿釉卧牛群

汉代（公元前 206～公元 220 年）
长 22.5、宽 17.5、高 6.3 厘米
1994 年河南省沁阳市王曲乡亢庄村
北九重天小区出土

泥质红陶。整体呈椭圆形，边沿一周装饰为高低起
伏的山脉，山坳中有十只大小不一的卧牛。一侧
边沿塑伏卧状猛兽 1 只。整件器物上部施绿釉，
下部施酱红釉。

红陶羊圈

汉代（公元前 206～公元 220 年）
直径 22.7、高 12 厘米
1992 年河南省沁阳市王曲乡清平村
西南土地局工地出土

泥质红陶。圈为圆形，圈墙上有一半圆形小洞，洞
外有一悬山顶门。圈内外共有羊五只，大小不等。

三彩四系罐

唐代（618~907 年）

口径 2.6、腹径 4.8、底径 2.9、
高 5 厘米

1987 年河南省沁阳县山王庄
乡张庄村出土

泥质灰陶。直口，平沿，短颈，溜肩，腹部下
收，平底。肩部有四竖系。施黄、绿、白三彩
釉不到底。

三彩带盖印花粉盒

唐代（618～907年）
长11、宽8、通高4.5厘米
1987年河南省沁阳县西向乡义
庄村出土

泥质陶。盖饰双菱纹、花卉纹和如意纹，盖和底的侧面均饰阴刻纹。外部通体施黄、绿、白三彩釉，内部施白釉。

彩绘陶镇墓兽

唐代（618～907年）
宽16.5、高35.5厘米
1991年河南省沁阳市山王庄镇
张庄村砖厂出土

泥质红陶。方颅兽面，独角高耸，豹眼狮鼻，怒目圆睁，两耳竖起，宽嘴露齿。双翅张开，胸部鼓起，脊背骨节凸起，前肢直立，后肢自然弯曲，呈蹲坐状。通体施白衣，有红、黑色彩绘的花卉纹、云纹和弦纹。

人面兽身陶镇墓兽

唐代（618～907 年）
底板长 16、底板宽 10.3、底板厚
1.8、通高 21.9 厘米
1996 年河南省沁阳市太行办事处罗
庄村西北压力容器厂家属院出土

泥质陶。人面兽身，头顶有独角，两侧各有一圆
耳，肩生双翅，脊背鬃毛上竖，前肢直立，后肢
弯曲，蹲坐于长方形底板上。

绿釉陶文官俑

唐代（618～907年）
宽 4.5、高 19 厘米
1993 年河南省沁阳市王曲乡
清平村西南石油公司工地出土

泥质红陶。头戴进贤冠，身着交领宽袖襦，下着裳。五官端正，面带微笑，拱手站立。施绿釉不到底，衣领施黑彩。

绿釉陶文官俑

唐代（618～907 年）
宽 8.5、高 32 厘米
1993 年河南省沁阳市北环路
西段出土

泥质红陶。头戴进贤冠，上着交领宽袖襦，外罩裲裆，系腰带，下着裳，足穿云头履。五官端正，面带微笑，拱手站立。通体施绿釉，釉大部分脱落。

绿釉陶文官俑

唐代（618～907 年）
宽 12、高 38 厘米
1996 年河南省沁阳市太行办事处
清平村北技术监督局工地出土

泥质灰陶。头戴进贤冠，身着交领宽袖衣，外
罩裲裆，下着裳。五官端正，面带微笑，拱手
站立。施绿釉至膝部，膝部以下无釉。

灰陶武士俑

唐代（618～907年）

座边长10.5、座高6、通高44.6厘米

1979年河南省沁阳县王曲公社清平村移交

泥质灰陶。头戴盔，面部丰满，浓眉大眼，高鼻宽嘴，身披铠甲，护颈、护肩、护胸清晰可见，内穿过膝战袍。右手握拳置于腰间，左手握拳置于腹部，拳中空，原持物不存。双脚并立于梯形台座之上。通体施白衣。

绿釉陶武士俑

唐代（618～907年）

座长12、座宽10.4、座高5、通高43.3厘米

1993年河南省沁阳市王曲乡清平村西南石油
公司工地出土

泥质灰陶。头戴盔，面部丰满，浓眉大眼，高鼻宽
嘴，身披铠甲，护颈、护肩、护胸清晰可见，内穿过
膝战袍。右手握拳置于腰间，左手握拳置于腹部，拳
中空，原持物不存。双腿并立于方形台座之上。施绿
釉不到底。

红陶武士俑

唐代（618～907年）
底板长8、底板宽6.5、底板厚1.8、
通高35厘米
1992年河南省沁阳市西环路北
段出土

泥质红陶。头戴兜鍪，面部丰满，右手置于腰
间，左手置于腹部，手中持物已腐朽不存。内
着窄袖上衣，外罩铠甲，有护颈、椭圆形护肩
和圆形护胸，下着裤，足穿长筒靴，立于方形
底板上。

彩绘红陶骑马俑

唐代（618～907 年）
长 29.9、宽 12、高 33.8 厘米
1991 年河南省沁阳市山王庄镇
张庄村砖厂出土

泥质红陶。马头微下垂，长颈，细腿，短尾翘
起，骨节突出，肌肉感强，立于长方形底座
上。马背上骑一人，头戴帽，双手叠放于胸
前。人、马均有黑色彩绘。

绿釉陶立俑

唐代（618～907年）
座长7.7、座宽6.4、座高2、
通高30厘米
1993年河南省沁阳市王曲乡清
平村西南石油公司工地出土

泥质灰陶。头戴幞头，国字脸，浓眉小眼，宽鼻，小嘴紧闭，身着翻领紧袖长衫，束腰带，下穿宽裤，左手握拳置于胸前，右手抬起握拳于耳侧，拳中空，原持物不存。足穿靴，双足分开呈"八"字形站立于方形底座上。通体施绿釉。

彩绘风帽陶立俑

唐代（618~907 年）
宽 8.4、高 23.5 厘米
1996 年河南省沁阳市太行办事处
罗庄村西北压力容器厂家属院出土

泥质灰陶。头戴风帽，面部圆润，双手合握于
胸前。身着翻领风衣，内着圆领过膝长衫，系
腰带，下着长裤，足穿靴，双腿直立。俑身有
阴线刻衣纹，残存红色彩绘，有土锈。

幞头陶立俑

唐代（618~907 年）
宽 6.3、高 21.6 厘米
1996 年河南省沁阳市太行办事处
罗庄村西北压力容器厂家属院出土

泥质灰陶。头戴幞头，前打花结，头后打结下
垂。细眼高鼻，颧骨略鼓，双手合握于胸前，
拳中空，原持物已不存。上身着交领过膝长
衫，内着圆领长袍，下身着裤，足穿靴，双腿
直立。

彩绘幞头陶立俑

唐代（618～907 年）

座边长 5.5、座高 1.5、通高 25.6 厘米

1991 年河南省沁阳市山王庄镇张庄村砖厂出土

泥质红陶。头戴黑色幞头，面部圆润，墨画眉目和胡须，口唇涂朱，五官清晰。身着红色高翻领曳地风衣，内着长衫，黑色腰带，双手抱拳于胸前，拳中空，原持物不存。双足外露，站立于方形底座上。

彩绘陶侍从俑

唐代（618～907年）
底板长7.1、底板宽7.7、底板厚2、
通高32厘米
1991年河南省沁阳市山王庄镇
张庄村砖厂出土

泥质红陶。头戴黑色幞头，于头后打结，墨画眉眼，口鼻涂朱，表情愁苦，身着及膝红色圆领窄袖袍，腰束黑带，腰间右佩一囊，足穿黑色长筒靴。双手合握于胸前，立于近方形底座上。

彩绘反绾髻陶女俑

唐代（618～907 年）
宽 9.5、高 26.6 厘米
1996 年河南省沁阳市太行办事处
罗庄村西北压力容器厂家属院出土

泥质红陶。头梳反绾髻，面部丰满圆润，眉清目秀，五官端正，袒胸，着曳地长裙，肩有披帛，双手交叉置于腹前，呈站姿。俑身残存红色彩绘，有土锈。

绿釉单刀半翻髻陶女俑

唐代（618～907 年）
宽 8.5、高 30.4 厘米
1993 年河南省沁阳市北环路出土

泥质灰陶。头梳单刀半翻髻，面部圆润，眉清
目秀，高鼻梁，小嘴。身着圆领曳地长裙，袒
胸，披帛从肩飘至膝部。左手握拳置于胸前，
拳中空，原持物不存，右手下垂握披帛。施绿
釉不到底。

黄绿釉陶女立俑

唐代（618~907 年）
底板长 5.5、底板宽 5、底板厚
0.8、通高 26 厘米
1993 年河南省沁阳市王曲乡清
平村西南石油公司工地出土

泥质灰陶。头戴箍，后有发髻，方面大耳，柳叶眉，细长眼眯起，瑶鼻秀挺，小嘴微张，面带微笑。身着高领窄袖长衫，腰束带。双手合握于胸前，立于方形底板上。施黄绿釉不到底，膝下无釉，长衫下部脱釉。

红陶胡人俑

唐代（618～907年）

座长 4.2、座宽 4.9、座高 1.1、通高 24.5 厘米

1992 年河南省沁阳市西环路北段出土

泥质红陶。头戴幞头，高鼻深目，络腮胡。身着圆领窄袖紧身袍，腰束带，足穿长筒靴。双手合握于胸前，立于方形底座上。

红陶载物骆驼

唐代（618～907年）
长 26.3、宽 11.9、高 24.1 厘米
1996年河南省沁阳市太行办事处
罗庄村西北压力容器厂家属院出土

泥质红陶。昂首睁目，嘴微张，四肢直立，尾下垂贴于臀部。身体肥壮，立于长方形底座上。背上负方形驮囊，驮囊上模印水壶等纹饰。通体施绿釉，大部分已脱落。

绿釉陶马

唐代（618～907年）
长30.5、宽11、高30厘米
1993年河南省沁阳市王曲乡清
平村西南石油公司工地出土

泥质红陶。头低垂，长颈，细腿，前肢直立，后肢微屈，短尾翘起，骨节突出，肌肉感强，立于方形底板上。马身前有攀胸，后有鞧带，背上有鞍鞯。通体施绿釉，有黑色彩绘。

红陶哺乳卧猪

唐代（618～907 年）
长 20、宽 11.3、高 4 厘米
1996 年河南省沁阳市太行办事处
罗庄村西北压力容器厂家属院出土

沁阳市博物馆馆藏文物精粹

泥质红陶。椭圆形陶板上有一模制的侧卧母猪和三头吃奶的小猪。母猪体态肥胖，长嘴微张，头及背部有阴刻鬃毛，短尾向下卷曲贴于右胯。

红陶卧猪

唐代（618～907 年）
长 14、宽 5.4、高 5.5 厘米
1993 年河南省沁阳市王曲乡清平村西南石油公司工地出土

泥质红陶。睁目，长嘴，宽鼻，两耳直竖，脊背隆起，鬃毛清晰，四肢弯曲呈卧姿。

绿釉陶牛

唐代（618～907 年）
长 26、宽 9.7、高 17.5 厘米
1979 年河南省沁阳县王召公社
总干河工地采集

泥质灰陶。张口睁目，头上两角尖端向上，两耳迎风，鼻孔朝前，颈粗脊厚，颈下垂皮直连前胸，臀部丰腴，四肢呈柱状直立，短尾贴胯，体型强健有力。通体施绿釉，四肢有黑色彩绘。

陶卧羊

唐代（618～907 年）
长 12.5、高 6.5 厘米
1993 年河南省沁阳市王曲乡清
平村西南石油公司工地出土

泥质灰陶。头大颈粗，双目凸鼓，双角在头两侧弯曲，角上有较细密的线纹，双耳向后附于颈部两侧，四肢弯曲呈卧姿。

陶犬

唐代（618～907 年）
宽 6、高 13 厘米
1993 年河南省沁阳市王曲乡清
平村西南石油公司工地出土

泥质陶。昂首举目，两耳竖起，前肢直立，后肢弯曲，臀部着地，呈蹲坐状。

彩绘红陶鸡

唐代（618～907 年）
长 11.5、宽 5.2、高 13 厘米
1991 年河南省沁阳市山王
庄镇张庄村砖厂出土

泥质红陶。抬头挺胸，尖喙，墨画眼睛，身体肥壮，尾羽下垂，两腿分立于圆墩两侧。通体施白衣，有黑色彩绘。

陶鸡

唐代（618～907 年）
长 12、宽 5.3、高 13 厘米
1993 年河南省沁阳市王曲乡清
平村西南石油公司工地出土

泥质陶。尖喙，高冠，圆眼，额下肉垂明显，颈部粗壮，翅膀紧贴身体两侧，弯尾，两腿分立于底座两侧。颈、翅、尾以线刻纹饰表现羽毛，形象生动，雕塑感强。

三彩诗词枕

宋代（960～1279 年）
长 34、高 18 厘米
2007 年河南省沁阳市太行办事处
丁庄村丰泽园小区出土

泥质红陶。整体呈长方形，四枕面均中部微凹呈弧形。中空，两侧挡头处各有一圆孔。器表施黄、绿、白、褐四色釉。四枕面两端及两侧挡头饰花卉纹，四枕面中部阴刻行书《喜春来》词三首和《沉醉东风》词一首，共 157 字。

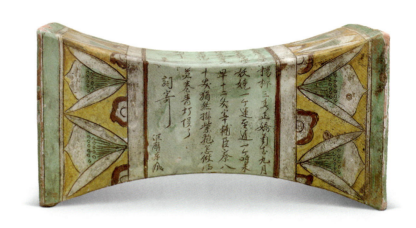

三彩柜

明代（1368～1644 年）
长 13.2、宽 5.9、高 18.5 厘米
1993 年河南省沁阳市王曲乡亢庄村北
九重天小区出土

泥质灰陶。整体呈长方形，柜腿间有壶门。柜正面有模印的柜门、锁头等。柜顶面、两侧面及正面施绿釉，其余部分无釉。

青瓷狮形烛台

西晋（265～316年）
长 12.8、宽 6.2、高 8 厘米
1999 年河南省沁阳市山王庄镇
廉坡村出土

呈卧狮状。昂首挺胸，双目圆睁，张口露齿，两颊上耸，鬣毛下垂，背部鬃毛分披，腹部体毛卷曲，四肢伏地，尾下垂，紧贴后臀。背部有圆筒状插口与体内相通。青灰胎，胎质坚硬。通体施青釉，釉层均匀，釉质滋润，透明度高。

青瓷双系罐

西晋（265～316年）
口径7.2、腹径12.7、底径6.5、
高7厘米
1985年河南省沁阳县山王庄乡
盆窑村出土

直口，鼓腹，下腹内收，平底。肩上有两个
对称的横系。灰白胎，胎质坚硬。罐内满施
青釉，外施青釉不到底并有流釉痕。

褐釉四系瓷罐

西晋（265～316年）
口径7.9、腹径18.4、底径8.3、
高14厘米
1972年河南省沁阳县西向公社
小秦庄村出土。

直口，短颈，鼓腹，下腹内收，平底。肩上有
四个对称的横系。褐色胎，胎质坚硬。罐内外
满施褐色釉，肩部釉呈斑点状。

青瓷莲纹碗

北朝（386～581 年）
口径 13.5、底径 4.4、高 7.3 厘米
1979 年河南省沁阳县西向公社粮
所工地出土

敞口，弧腹，饼状足。碗内阴刻莲花纹。灰
色胎，胎质坚硬。内外均施青釉，釉面玻璃
感强，有冰裂纹。

青瓷碗

唐代（618～907 年）
口径 11、底径 5.7、高 5 厘米
1992 年河南省沁阳市城关镇水
南关村南腾飞制革厂出土

侈口，弧腹，圈足。灰白胎，胎质坚硬。内施青釉，外施青釉不到底。

青瓷碗

唐代（618～907 年）
口径 16.5、底径 8.7、高 7 厘米
1990 年河南省沁阳市葛村乡上
辇村村民捐献

敞口，弧腹，下部内收，玉璧底。灰白胎，胎质坚硬。内部施满青釉，外施青釉不到底。

黄釉瓷碗

唐代（618～907 年）
口径 16.3、底径 9.1、高 7.4 厘米
1979 年河南省沁阳县西向公社
逍遥村出土

敞口，弧腹，下部内收，玉璧底。灰色胎，胎质坚硬。内外均施黄釉。造型浑厚、敦实、丰满。口沿残缺，有裂缝。

黑釉瓷钵

唐代（618～907 年）
口径 7、高 4 厘米
1987 年河南省沁阳县
山王庄乡张庄村出土

敛口，弧腹，下部内收，圜底。灰白胎，胎质坚硬。内施白釉，外施黑釉，内外釉面均有冰裂纹。

青瓷单耳杯

唐代（618～907 年）
口径 7、底径 3.6、通宽 8.4、
高 4 厘米
1992 年河南省沁阳市城关镇
水南关村南腾飞制革厂出土

沁阳市博物馆馆藏文物精粹

敞口，腹上部有一环形耳，饼状足，底上凹。腹下部有凹弦纹一周。灰白胎，胎质坚硬。内外施青釉，底无釉。

白瓷带盖唾盂

唐代（618～907 年）
口径 6、腹径 11.2、底径 6.8、
通高 10 厘米
1993 年河南省沁阳市北环路出土

盖呈圆形，中间下凹，有纽。盂身盘口，束颈，扁鼓腹，饼状足。白胎，胎质坚硬，施釉不到底，釉面有冰裂纹。

青瓷奁

唐代（618～907年）
口径 17.2、高 19 厘米
1992 年河南省沁阳市城关镇
水南关村南腾飞制革厂出土

直口，平沿，筒腹，平底，三蹄足。白胎，
胎质坚硬。通体施青釉，釉已脱落。

青瓷灯

唐代（618～907年）
底盘口径 22.1、高 26 厘米
1992 年河南省沁阳市城关镇
水南关村南腾飞制革厂出土

圆形双层灯盘，圈足，底盘中央立一圆筒
形空心柱，柱上部有一圆形小盘。白胎，
胎质坚硬，通体施青釉。

青瓷双龙尊

唐代（618~907 年）
口径 8、腹径 24.1、底径 11.5、
高 43 厘米
1992 年河南省沁阳市城关镇水
南关村南腾飞制革厂出土

2 件，形制、尺寸基本相同。盘口，束颈，
圆肩，上腹较丰满，下腹内收，平底。口沿
至肩部附有两个对称的龙形耳，两耳上各有
四个乳丁。两条矫龙弓身由下而上爬向尊
口，龙口衔于尊口作探饮状，神态生动，妙
趣横生。灰白胎，胎质坚硬。上部施青釉，
下部无釉，胎色泛红。

青瓷罐

唐代（618～907 年）
口径 10.8、腹径 25.6、底径 11.2、
高 35.8 厘米
1992 年河南省沁阳市城关镇水南关
村南腾飞制革厂出土

圆唇，短颈，圆肩，下腹内收，平底。灰白胎，
胎质坚硬。上部施青釉，下部露胎。

青白瓷梅瓶

宋代（960～1279 年）
口径 5.5、腹径 14.3、底径 6.5、
高 20.5 厘米
1983 年河南省沁阳县城关镇崔
庄村出土

平沿，束颈，圆肩，鼓腹下收，卧足，底部
刻楷书"官"字。灰白胎，胎质坚硬。通体
施釉，釉层较薄。

黑釉双系罐

宋代（960~1279 年）
口径 7.2、腹径 8.6、底径 5、
高 7 厘米
1985 年河南省沁阳县紫陵乡
宋寨村村民捐献

口略外撇，短颈，鼓腹，圈足，肩上有
两个对称的扁状竖耳。灰白胎，胎质坚
硬。内部满施黑釉，外施黑釉不到底。

白瓷瓜棱罐

宋代（960~1279 年）
口径 10.5、腹径 14.2、底径 6.3、
高 8.5 厘米
1996 年河南省沁阳市覃怀办事处
庞门村出土

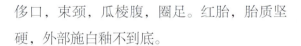

侈口，束颈，瓜棱腹，圈足。红胎，胎质坚
硬，外部施白釉不到底。

青白瓷带盖粉盒

宋代（960～1279 年）
口内径 7.2、腹径 7.9、底径 4、
通高 7.1 厘米
1983 年河南省沁阳县城关镇崔庄村
出土

由盖和器身扣合而成，卧足。灰白胎，胎
质坚硬。通体施釉，釉色白中闪青，釉面
有冰裂纹。

白瓷炉

宋代（960～1279 年）
口径 9.8、腹径 11.6、底径 6.5、
高 8 厘米
1992 年河南省沁阳市北环路
西段出土

侈口，弧腹，圈足，足沿底部有三个支钉
痕。灰白胎，通体施白釉，圈足底部无釉，
有黑色花瓣形印记。

白瓷马

宋代（960～1279 年）
长 5.7、宽 1.5、高 5.2 厘米
1987 年河南省沁阳县山王庄乡
张庄村出土

马头微抬，上有辔头，粗颈，鬃毛下垂。马背上有鞯，障泥垂于马腹两侧，马镫、攀胸、鞘带明显。前肢直立，后肢微屈，马尾下垂，立于长方形槽座上。灰色胎，胎质坚硬。施白釉不到底。

钧瓷碗

元代（1271～1368 年）
口径 14.9、底径 5.4、高 6.8 厘米
1986 年河南省沁阳县沁河河道内
采集

敞口，斜腹，圈足，鸡心底。红色胎，胎质坚硬。内部满施天青色釉，外施天青色釉不到底，足部无釉。积釉肥厚，多棕眼、釉泡，光泽度较差。

钧瓷双系罐

元代（1271～1368 年）
口径 11、腹径 15.5、底径 7、高 11 厘米
1993 年河南省沁阳市王曲乡清平村西南石油公司工地出土

直口，鼓腹，圈足。肩部有两扁系。红胎，胎质坚硬。罐内外施釉不到底，釉色为天青色和褐色交融，有明显流釉痕。腹部有残损。

龙泉窑青瓷梅瓶

明代（1368～1644 年）
口径 5、腹径 11.1、底径 7.5、
高 26 厘米
1990 年河南省沁阳市城关镇
合作街征集

直口，短直颈，方肩，直腹下收，圈足。
灰白胎，胎质坚硬。通体施青釉，釉面匀
润光亮，底部呈酱色。

五彩龙纹罐

明代（1368～1644 年）
口径 7.5、腹径 15.5、底径 9、高 16 厘米
1984 年河南省沁阳县西万乡西万村征集

直口，短颈，圆肩，圆腹，卧足。灰白胎，胎质坚硬。通体绘五彩纹饰。五周重弦纹将器表从上至下分为四个区域，颈部绘卷云纹，肩部为缠枝花卉纹，腹部为二龙戏珠及海水纹，下饰仰莲纹。龙瞪目张口，鬣毛上冲，四爪呈风车状，通体无鳞，健壮有力。

黑釉四系罐

明代（1368～1644 年）
口径 5.7、腹径 12.5、底径 7.4、
高 19.8 厘米
1996 年河南省沁阳市紫陵镇赵寨
村村民捐献

敞口，短颈，四扁系，弧腹下收，圈足。腹
部有凸棱纹数周。灰白胎，胎质坚硬。施黑
釉不到底。

白地褐花罐

明代（1368～1644 年）
口径 26.7、腹径 44.6、底径 23.5、
高 62.5 厘米
1990 年河南省沁阳市王召乡征集

直口，圆肩，直腹下收，平底。灰白胎，胎
质坚硬。口沿和罐内施酱釉，外施白釉，颈
至腹部饰褐釉花草纹、波浪纹、弦纹和四个
草书"花"字。底部无釉。

乾隆款青花鲤鱼跃龙门碗

清乾隆（1736～1795年）
口径 26.4、底径 15.1、高 9 厘米
1985 年河南省沁阳县城关乡自治街村民捐献

敞口，弧腹，圈足。灰白胎，胎质坚硬。碗内口沿部绘青花缠枝花卉纹，底部绘青花鲤鱼、海水和龙纹；外部施霁蓝釉，饰白色牡丹、荷花、菊花、梅花四季花卉；底部有青花"乾隆年制"四字双行楷书款。

青花釉里红鱼纹盘

清乾隆（1736～1795 年）
口径 22.5、底径 14.5、高 3.5 厘米
1990 年河南省沁阳市西向镇义庄村征集

敞口，圈足。灰白胎，胎质坚硬。通体施釉，盘内绘青花釉里红鱼纹，外壁饰青花叶纹。

仿哥釉盘

清乾隆（1736～1795 年）
口径 23.5、底径 13.5、高 4.5 厘米
1990 年河南省沁阳市崇义镇崇义
村征集

敞口，圈足。灰白胎，胎质坚硬。通体施釉，
釉面开片细碎均匀，圈足底部有七个代表支钉
痕的酱釉点。

仿哥釉洗

清乾隆（1736～1795 年）
直径 16.5、高 6.5 厘米
1990 年河南省沁阳市城关镇
灯塔街征集

直口，筒腹，卧足。灰白胎，胎质坚硬。
通体施釉，开片细密，釉质肥润，底部中
间有酱红色护胎釉。

乾隆款青瓷六棱瓶

清乾隆（1736～1795 年）
口径 18.5、底径 20、高 46 厘米
1984 年河南省沁阳县木楼乡木楼村征集

整体呈扁六棱形。侈口，束颈，折肩，双贯耳，深腹，高足外撇。灰白胎，胎体敦厚，胎质坚硬。通体施青釉，釉面匀净光润。底部有青花"大清乾隆年制"六字三行篆书款。

豆青釉堆粉"福"字罐

清乾隆（1736～1795 年）
口径 9.5、腹径 22.6、底径 12.5、高 20 厘米
1990 年河南省沁阳市城关镇灯塔街征集

直口，圆肩，圆腹，卧足。灰白胎，胎质坚硬。内外均施豆青釉，肩上饰堆粉如意纹一周，腹部饰堆粉"福"字纹五个，底部无釉。

青花百寿瓶

清道光（1821～1850 年）
口径 32、腹径 40.8、底径 28.5、高 81 厘米
1985 年河南省沁阳县紫陵乡窑头村村民捐献

敞口，束颈，颈部有两夔龙状耳，圆肩，弧腹，足微外撇。灰白胎，胎质坚硬。通体饰青花纹饰，口沿饰如意纹一周，颈部饰变形如意纹和花卉纹，肩部饰缠枝卷草纹、回纹和如意纹各一周，腹部满饰字体各异的"寿"字120个，下饰莲瓣纹一周，足部饰蕉叶纹一周。

豆青釉堆粉青花盖罐

清道光（1821～1850 年）
口径 9.7、腹径 23.2、底径 9.5、
通高 22.3 厘米
1984 年河南省沁阳县城关镇合作街征集

由盖和身扣合而成。盖子口，圆形，上有圆纽。身母
口，圆肩，圆腹，下部内收，卧足。灰白胎，胎质坚
硬。罐内施青白釉，罐外通体施豆青釉。盖饰堆粉如
意纹，罐腹部饰堆粉蝴蝶花卉纹，底部有青花"乾隆年
制"四字双行篆书款。

同治款粉彩人物帽筒

清同治（1856～1875 年）

口径 12、高 29 厘米

1984 年河南省沁阳县山王庄乡山王庄村征集

直口，筒腹，腹部有花形镂孔六个，圈足。灰白胎，胎质坚硬。筒壁绘粉彩工笔绘国老梁公狄仁杰、谯国夫人冼氏和尚父汾阳王郭子仪像，并有楷体墨书介绍他们的生平事迹。底部有红彩"大清同治年制"六字三行篆书款。

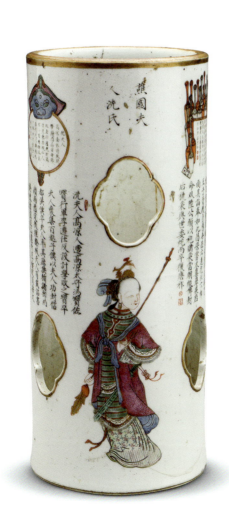

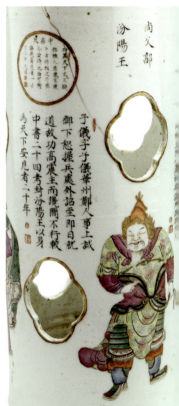

青花葵口碗

清代（1644～1911 年）
口径 11.5、底径 4.5、高 5.5 厘米
1984 年河南省沁阳县城关乡东荒
村征集

葵口，弧腹，圈足。白胎，胎质坚硬。碗内
四瓣形口沿饰青花卷草叶纹，底部饰青花山
水纹；碗外饰青花花草纹。青花发色灰。

仿宣德青花如意纹碗

清代（1644～1911 年）
口径 18、底径 6、高 6 厘米
1985 年河南省沁阳县文化馆移交

敞口，斜腹，圈足。灰白胎，胎质坚硬。碗内外均饰青花如意纹和弦纹，底部有青花"大明宣德年制"六字双行楷书款。

仿成化青花人物盘

清代（1644～1911 年）
口径 29.8、底径 14、高 3.8 厘米
1984 年河南省沁阳县西万乡西万村征集

敞口，浅弧腹，圈足。灰白胎，胎质坚硬。盘内外施青釉，釉面匀净，足沿无釉。盘内饰青花人物、山水、树木、房屋、桥梁和船舶图案，青花泛紫，纹饰清晰，立体感强。底部有青花"成化年制"四字双行楷书款。

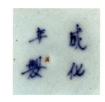

粉彩麒麟送子纹罐

清代（1644～1911 年）
口径 9.5、腹径 23、底径 14.5、通高 20 厘米
1984 年河南省沁阳县城关镇西关村征集

由盖和身扣合而成。盖子口，有纽（残缺）。身母口，圆肩，圆腹下收，卧足。灰白胎，胎质坚硬。通体施釉，绘粉彩麒麟送子图。盖上绘两童子手拿花草嬉戏；罐身绘一仙女左手持莲花，右手抱童子坐在麒麟上向前走，有前三后四共七人护送，七人分别扛旗、撑伞、手持如意等，形象生动活泼，洋溢着一种热闹喜庆、吉祥欢乐的气氛。

粉彩观音坐像

清代（1644～1911年）
座长14、座宽8、座高11、通高26.5厘米
1984年河南省沁阳县王召乡李庄村征集

观音面目慈祥，头戴青花叶纹披巾，外着青花叶纹衣，内着青花花卉纹长裙，袒胸，胸前有飘带。右手抱一手拿净瓶的童子，左手放于膝上，左脚外露，坐于粉彩莲花座上。座下部饰海水、荷花和鲤鱼。背面为灰褐色。白胎，胎质坚硬。

德化窑白瓷描金观音像

清代（1644～1911 年）
座长 11、座宽 5、座高 8.7、通高 21 厘米
1979 年河南省沁阳县文化馆移交

观音面目慈祥，双目微闭，双耳下垂。头戴披巾，外着长
衣，内着长裙，袒胸，胸前有璎珞装饰。双手叠放于胸前，
盘坐于须弥座上。左右各立一童子，左侧童子残缺。白胎，
胎质坚硬，通体描金，大部分已脱落。

第二部分

金属器

三棱铜镞

战国时期（公元前 475～前 221 年）
长 13、宽 1 厘米
1981 年河南省沁阳县西万公社邘
邰村出土

三棱形锋，圆柱形铤，是战国时期的典型兵器。

铜剑

战国时期（公元前 475～前 221 年）
长 48.3、宽 4.1 厘米
1981 年河南省沁阳县西万公社邘
邰村出土

剑身两面刃，每面有三道筋。剑格呈"V"形凸起。圆柱形柄，有凸棱两周，柄端呈圆喇叭形。

铜铍

战国时期（公元前 475～前 221 年）
长 63.8、宽 3.6 厘米
1982 年河南省沁阳县西万公社邘
邰村出土

铍身两面刃，每面中间有两道筋。方柱形柄，
前后两面有凸棱。锋残，铍身有使用痕迹，中
间断裂，已黏合，柄锈蚀。从残断面观察，铍
刃内部为紫铜，筋为青铜，刃部铜色发黄。

网格纹铜爵

商代（约公元前 16 ～前 11 世纪）
流尾长 12.8、高 14.4 厘米
1974 年河南省沁阳县西万公社景明村
石料厂出土

椭圆形口，前有长流，后有短尖尾上翘，流与口连接处有一对矮柱。深腹，腹部有网格纹一周，一侧有扁平把手。平底，下方有三个细高的三棱锥形实心足。有商代早期铜器的典型特征。

鳞纹铜鼎

战国时期（公元前 475 ～前 221 年）
口径 27、腹径 35.2、高 33.6 厘米
1972 年河南省沁阳县崇义公社苗庄
涝河出土

敛口，圆腹，圜底，三兽蹄形足。口两侧有两个对称的立耳，腹中部饰凸弦纹一周，凸弦纹上部饰鳞纹一周，凸弦纹下部素面。盖缺失。

蟠虺纹铜簠

战国时期（公元前 475～前 221 年）
长 35、宽 23.6、高 20.3 厘米
1972 年河南省沁阳县崇义公社苗庄
涝河出土

由形制、纹饰完全相同的器盖和器身组合而成，分开可作两器皿。器盖、器身均为直口，平折沿，斜腹，平底，方形圈足外撇。器盖、器身两侧均附有兽首形耳，通体饰细密蟠虺纹。盖内上部有篆书铭文"……用蕲眉寿无疆／子子孙孙永宝用之"。

弦纹铜鼎

汉代（公元前 206～公元 220 年）
口径 21.3、高 9.5 厘米
1984 年河南省沁阳县崇义乡吕庄村征集

侈口，圆腹，平底，三兽蹄形足。腹部饰弦纹，足上部饰兽面纹。

铜博山炉

汉代（公元前 206～公元 220 年）
盘径 13.5、通高 10.5 厘米
2001 年河南省沁阳市西万镇西万村北
7004 油库西侧出土

由炉体和炉盘两部分组成。炉体略呈圆形，上半部分为半圆形母口镂空盖，盖顶有山形纽；下半部分似鼎，子口，圆腹，三兽蹄形足。炉盘侈口，平折沿，折腹，平底，圈足。

耳杯形铜灯

汉代（公元前 206～公元 220 年）
长 10、宽 9、高 5.5 厘米
1984 年河南省沁阳县西万乡西万村玻璃厂出土

整体呈椭圆形。上部为盖，以中间为轴一分为二，两端各有系，其中一端可开合。可开合的一端翻转后为灯盘。下部为油盒，形似汉代耳杯，前端有一横系，腹部两侧各有一耳，圈足。盖和两耳均阴刻瑞兽纹，盖可开启的一端外部双阴刻线间有阴刻铭文"宜子孙"三字。此灯设计科学，造型精致，纹饰刻工精湛，为汉代灯具中的珍品。

龙纹铜觥

明代（1368～1644 年）
长 24.5、宽 7.2、高 10.8 厘米
1989 年河南省沁阳市公安局移交

整体呈舟形。龙首，龙角竖立，眼圆凸，嘴微
张，上唇处有一圆孔。背部有盖，盖上有纽，
矩形足两侧有缺口。通体饰龙纹、云雷纹和鸟
兽纹。

龙首柄铜鐎斗

明代（1368～1644年）
口径11、通宽19.1、高10.5厘米
1989年河南省沁阳市崇义镇崇义
村征集

侈口，圆腹，平底，三兽蹄形足。细长柄呈弧
形上翘，柄端呈龙首状。

兽纽盖铜熏炉

明代（1368～1644 年）
通宽 17、通高 21.5 厘米
1991 年河南省沁阳市山王庄镇山王庄村砖厂出土

炉盖呈圆形，上有瑞兽纽和三个铜钱形镂孔，瑞兽引颈侧首，怒目张口，作嘶鸣状。炉身仿铜簋形制，侈口，圆腹。腹两侧各有一兽形环耳，喇叭形足，下为方座。口沿下阴刻龙凤纹，腹部和底座均阴刻云雷纹。炉内底为宋代铜镜，阳刻楷书铭文"湖州真石家／念二叔照子"双行十字。出土于明代墓葬中，为明代仿古铜器。

龙纹兽足黄铜炉

清代（1644～1911 年）
长 23、通高 23.5 厘米
1990 年河南省沁阳市公安局移交

方形直口，平沿，沿上有两个对称的立耳，直颈，鼓腹，平底，四蹄形足。口沿、耳部均饰回纹，颈部饰四龙纹。腹部四角有扉棱，与耳相应的两侧面饰椭圆形兽头，另外两侧面饰二龙戏珠纹，珠周围饰火焰纹。底缘饰几何纹，四足饰兽首纹。

仿宣德铜香炉

清代（1644～1911年）
口径 11.2、高 8.7 厘米
1990 年河南省沁阳市王召乡马铺村征集

敞口，平沿，沿上有两个对称的桥形立耳，束颈，扁鼓腹，圜底，三锥形足。底部有"大明宣德五年工部尚书臣吴邦佐监造"四行十六字楷书款，系清代仿制品。

宣德款铜香炉

清代（1644～1911年）
口径 9.5、高 6.5 厘米
1984 年河南省沁阳县山王庄乡廉坡村征集

敞口，短颈，鼓腹，三乳足，沿上有两个桥形立耳，外底有"宣德"二字篆书款。

素面铜镜

春秋时期（公元前 770~前 476 年）
直径 9.5、缘厚 0.1 厘米
1982 年河南省沁阳县西万公社邘
邰村出土

圆形。桥形纽，无纽座，平缘稍斜。素面。制作粗
糙，具有春秋时期素面镜的特征，是研究春秋时期
铜镜的珍贵实物资料。

四山纹铜镜

战国时期（公元前 475～前 221 年）
直径 8、缘厚 0.2 厘米
1974 年河南省沁阳县西万公社行口村大寨田采集

圆形。鼻纽，双重圆纽座，直缘凸起。镜面平直，有光泽。镜背饰右旋"山"字形主纹四个，羽状地纹。此镜"山"字纹瘦长，花纹繁缛，是战国早中期最流行的铜镜，其主纹、地纹相结合的特点，是有别于其他时代铜镜的重要特征之一。

昭明铜镜

汉代（公元前 206～公元 220 年）
直径 10、缘厚 0.4 厘米
1984 年河南省沁阳县常平乡甘泉村征集

圆形。半球形纽，圆纽座，宽素缘高凸，外高内低。镜面略凸。镜背纹饰分为内外两区，内区饰内向连弧纹一周；外区为铭文带，有铭文"内而清而以昭明／光而象夫日月／心忽而不泄"18 字，其中多减笔、讹字，铭文带内外各饰栉齿纹一周。镜面迎光可投影出镜背纹饰。此镜质地细腻，外表光滑，纹饰清晰，做工精美，颜色泛黑，主要流行于西汉武帝后期至新莽时期。

八乳鸟兽纹铜镜

东汉（25～220 年）
直径 8.2、缘厚 0.2 厘米
1981 年河南省沁阳县西万公社邗邰
村出土

圆形。半球形纽，圆形纽座，宽斜缘凸起。镜面略凸，镜背纽座外为双线方框，方框四角内外各有一乳丁。方框外四乳丁间均饰鸟兽纹，近缘部饰栉齿纹一周，缘上饰锯齿纹和三角纹各一周。

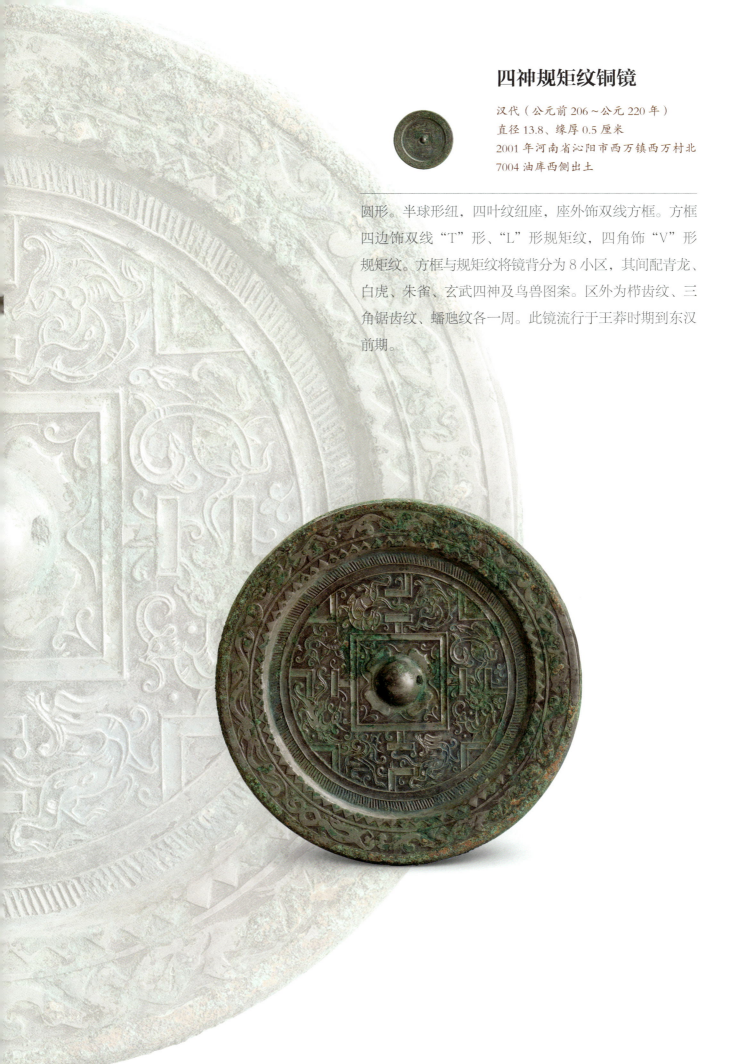

四神规矩纹铜镜

汉代（公元前 206～公元 220 年）
直径 13.8、缘厚 0.5 厘米
2001 年河南省沁阳市西万镇西万村北
7004 油库西侧出土

圆形。半球形纽，四叶纹纽座，座外饰双线方框。方框四边饰双线"T"形、"L"形规矩纹，四角饰"V"形规矩纹。方框与规矩纹将镜背分为 8 小区，其间配青龙、白虎、朱雀、玄武四神及鸟兽图案。区外为栉齿纹、三角锯齿纹、蟠螭纹各一周。此镜流行于王莽时期到东汉前期。

变形四叶纹铜镜

三国时期（220～265 年）
直径 13.2、缘厚 0.5 厘米
2001 年河南省沁阳市西万镇西万村北
7004 油库西侧出土

圆形。半球形纽，圆纽座，斜缘。镜背纹饰分为内外两区。内区以变形四叶纹分为四部分，每部分内各有一兽首，毛发卷曲，口、鼻、眉十分清晰。外区为铭纹带及内向连弧纹一周，铭文逆时针旋读为"王□□□作竟（镜）青（清）且明 / □□□□ / 君宜高官 / 保子宜孙 / 甘露四年五月十日"。镜缘饰菱形图案。

海兽纹铜镜

三国时期（220～265年）
直径 12.5、缘厚 0.4 厘米
1981 年河南省沁阳县西万公社
邘邰村出土

圆形。半球形纽，圆纽座，斜缘。镜面略凸，有光泽。镜背纹饰从内到外依次为海兽纹、铭文、栉齿纹、锯齿纹和波浪纹各一周，铭文为"上方作竟佳且好／明而日月世少有"十四字。海兽纹为三国时期盛行的铜镜纹饰。

"位至三公"凤鸟纹铜镜

西晋（265～316 年）
直径 10.8、缘厚 0.2 厘米
2001 年河南省沁阳市西万镇西万村北
7004 油库西侧出土

圆形。圆纽，圆纽座，宽素缘稍斜。镜背纹饰分为
内外两区，内区饰铭文"位至三公"、双凤纹和栉
齿纹，外区饰三角纹一周。纹饰清晰，制作规整。

宝相花纹菱花形铜镜

唐代（618～907 年）
直径 12.2、缘厚 0.7 厘米
1987 年河南省沁阳县山王庄乡山
王庄村出土

菱花形。半球形纽，直缘凸起。镜面微凸，有光泽。镜背纹饰分为内外两区，内区饰五朵宝相花，外区饰花枝纹。通体银白色。

菱花形铜镜

唐代（618～907 年）
直径 6、缘厚 0.5 厘米
1987 年河南省沁阳县山王庄乡
张庄村出土

菱花形。变形半球形纽，直缘外高内低。镜面平直，有光泽。镜背饰阴刻纹。通体银白色。

三乐故事纹铜镜

唐代（618～907 年）
直径 12.2、缘厚 0.5 厘米
1984 年河南省沁阳县西向乡义庄村征集

圆形。半球形纽，素平缘微内斜。纽上方形界格中有铭文"荣启奇 / 问曰答 / 孔夫子"三行九字。纽下有一树，枝叶下垂。纽左侧一人身着宽袖长袍，头戴高冠，右手拿着拐杖，左手指向前方，头微仰，似在发问，应为孔子；右侧一人头侧斜，戴高冠，身着皮裘，左手携琴，边歌边舞，十分愉悦，应为荣启期。镜背纹饰取材于《列子·天瑞》中荣启期答孔子"三乐"的故事。此类铜镜主要流行于唐代中期。

牡丹纹菱花形铜镜

宋代（960～1279 年）
直径 15、缘厚 0.2 厘米
1984 年河南省沁阳县西向乡柿树庄村征集

菱花形。小圆纽，无纽座，宽素缘。纽外饰牡丹纹，外饰连珠纹一周。镜面平直，无光泽。胎体较薄，纹饰为细线浅雕，显示出宋代铜镜的特征。

双鱼纹铜镜

金代（1115～1234 年）
直径 11.3、缘厚 0.15 厘米
1985 年河南省沁阳县柏香乡小位村征集

圆形。弓形纽，素平缘凸出。镜背上、下各饰一鲤鱼，鱼身略高出底面，呈浅浮雕状，体态肥硕，鳞鳍清晰，具有立体感。底纹为阴刻水波纹，在鱼身四周呈现出波浪翻卷、水花四溅的效果。镜背左侧有一长方形框，框内有铭文"镜子局官造"和一押记，镜缘阴刻铭文"襄城县官孟"。

人物故事带柄铜镜

金代（1115～1234 年）
直径 9.6、缘厚 0.5、柄长 8.5 厘米
2011 年河南省沁阳市南外环路出土

圆形带柄。镜背纹饰分为内外两区，内区饰仙
人、童子、神龟、仙鹤纹，外区饰花枝纹。柄饰
花枝纹。

连弧星云纹铜镜

明代（1368～1644年）
直径 7.6、缘厚 0.3 厘米
1984 年河南省沁阳县柏香乡
柏香村征集

圆形。连峰纽，圆纽座。镜面平直。镜背饰乳丁十六枚，均以曲线相连，形状似天文星云图。镜缘饰内向连弧纹。黄铜质，为明代仿汉镜。

海兽葡萄纹铜镜

明代（1368～1644年）
直径 13.3、缘厚 1.3 厘米
1984 年河南省沁阳县西向乡西向村
征集

圆形。兽纽，缘竖直高凸，外高内低。中间一周凸弦纹将镜背分为内外两区，内区为若干瑞兽及葡萄枝叶果实构成的主体纹饰，外区为葡萄枝叶果实、飞禽等。镜缘饰蔓草纹。为明代仿唐海兽葡萄纹镜。

弦纹铜镜

明代（1368～1644年）
直径8、缘厚0.8厘米
1984年河南省沁阳县紫陵乡
赵寨村征集

圆形。球形纽，直缘外高内低。镜背饰凸弦纹两周。黄铜质，纹饰简单，为明代仿唐重轮纹镜。

梵文铜镜

明代（1368～1644年）
直径9、缘厚0.5厘米
1984年河南省沁阳县常平乡
甘泉村征集

圆形。平顶圆纽，纽顶饰梵文，无纽座，直缘。镜面平直。中间一周凸弦纹将镜背分为内外两区，两区均饰梵文一周。为明代仿元镜。

杂宝人物纹铜镜

明代（1368～1644 年）
直径 11.6、缘厚 0.9 厘米
1984 年河南省沁阳县西向乡
龙泉村征集

圆形。银锭纽，直缘。镜面平直。镜背饰高浮雕杂宝人物纹。为明代仿元镜。

沁阳市博物馆馆藏文物精粹

双龙戏珠纹铜镜

明代（1368～1644 年）
直径 12.5、缘厚 0.8 厘米
1984 年河南省沁阳县柏香乡
贺村征集

圆形。半球形纽，直缘稍内倾。镜面近平。镜背饰双龙戏珠纹和荷花纹，外有凸弦纹一周。

"清闲"人物纹铜镜

明代（1368～1644 年）
直径 7.6、缘厚 0.5 厘米
1984 年河南省沁阳县葛村乡期城村征集

圆形。圆纽，竖直缘。镜面近平。纽上、下有高浮雕铭文"清闲"二字。铭文两侧饰高浮雕纹饰，右侧为一老人和一少年，左侧为一老人和一鸟。

花鸟纹带柄铜镜

明代（1368～1644 年）
直径 7.9、缘厚 0.3、柄长 7.3 厘米
1984 年河南省沁阳县山王庄乡盆窑村征集

圆形带柄。缘平直高凸，柄上窄下宽。镜面微凸。镜背饰花草、飞鸟、游鱼、水波纹，柄素面。

"五子登科"铜镜

明代（1368～1644年）
直径26.3、缘厚0.7厘米
1984年河南省沁阳县葛村乡
上辇村征集

圆形。半球形纽，宽素缘，内缘凸起一道弦纹。镜面略凸，镜背纽四周对称饰方框四个，框内有"五子登科"四字楷书铭文。铭文间饰花草图案。

"麒趾呈祥"铜镜

明代（1368～1644年）
直径27.5、缘厚0.8厘米
1989年河南省沁阳县木楼乡
张庄村征集

圆形。半球形纽，圆纽座，座内有高浮雕图案，三角形斜缘。镜面略凸，镜背纽座四周饰方框四个，框内有"麒趾呈祥"四字楷书铭文。每两方框间均饰一孩童和花鸟图案，"麒"字两侧各饰一竖长方形框，内有"贾家自造"四字铭文。近缘部有凸弦纹一周。

钱币

"商"字空首铜布币

春秋时期（公元前 770～前 476 年）
宽 5、高 9.2 厘米
1973 年河南省沁阳县西向公社虎
村修建水池工地出土

空首，长銎，平肩，弧裆，尖足。面、背各
有三道直线纹，正面右侧铸阳文"商"字。

"己"字空首铜布币

春秋时期（公元前 770～前 476 年）
宽 5、高 9.7 厘米
1973 年河南省沁阳县西向公社虎村
修建水池工地出土

空首，长銎，平肩，弧足，面、背各有三道直线纹。正面左侧铸阳文"己"字。

"戊"字空首铜布币

春秋时期（公元前 770～前 476 年）
宽 5.2、高 9.5 厘米
1973 年河南省沁阳县西向公社虎村
修建水池工地出土

空首，长銎，平肩，弧足。面、背各有三道直线纹，正面左侧铸阳文"戊"字。

"宅阳"平首铜布币

战国时期（公元前 475~前 221 年）
宽 2.8、高 4.6 厘米
1984 年河南省沁阳县柏香乡西两水村征集

平首，方肩，梯形裆，方足，两面均有郭。正面中间有一道直线纹，两侧铸阳文"宅""阳"二字。背面有一直二斜共三道直线纹。

"平阳"平首铜布币

战国时期（公元前 475~前 221 年）
宽 3、高 4.9 厘米
1984 年河南省沁阳县柏香乡西两水村征集

平首，方肩，梯形裆，方足，两面均有郭。正面中间有一道直线纹，两侧铸阳文"平""阳"二字。背面有一直二斜共三道直线纹。

"北屈"平首铜布币

战国时期（公元前 475~前 221 年）
宽 2.8、高 4.6 厘米
1984 年河南省沁阳县柏香乡贺村征集

平首，平肩，梯形裆，方足，两面均有郭。正面中间有一道直线纹，两侧铸阳文"北""屈"二字。背面有一直二斜共三道直线纹。

"安邑二釿" 平首铜布币

战国时期（公元前 475～前 221 年）
宽 4.2、高 6.4 厘米
1984 年河南省沁阳县木楼乡张庄村征集

平首，圆肩，弧裆，方足。正面铸阳文"安邑二釿"四字，背素面。此铜布币为战国时期魏地铸币，具有一定历史价值。

"梁正尚百当寽" 圆首铜布币

战国时期（公元前 475～前 221 年）
宽 3.9、高 6 厘米
1984 年河南省沁阳县葛村乡范庄村征集

圆首，圆肩，弧裆，方足。正面铸阳文"梁正尚百当寽"三行六字，背素面。

"垣" 铜圜钱

战国时期（公元前 475～前 221 年）
直径 4.2、穿径 0.6 厘米
征集

圆形圆孔，内外均无郭。正面穿一侧有钱文"垣"，背素面。

"大布黄千"平首铜布币

新莽时期（9～23 年）
宽 2.1、高 5.6 厘米
1991 年河南省沁阳市城关镇自治街征集

平首，平肩，微束腰，方裆，方足。首部有一圆形穿孔，正、背面及穿孔均有郭，正、背面中间各有一道直线纹。正面铸阳文"大布黄千"四字。

"货布"铜布币

新莽时期（9～23 年）
宽 5.7、高 12.2 厘米
1984 年河南省沁阳县柏香乡肖寺村征集

方首，方肩，微束腰，方足，方裆，首部有一圆形穿孔，两面均有郭。两面中间各有一道直线纹，正面铸阳文"货布"二字。

"大泉五十"铜钱

新莽时期（9～23 年）
直径 2.8、穿径 0.9 厘米
征集

圆形方孔，内外均有郭。正面阳文篆书直读"大泉五十"，背素面。

"五铢"铜钱

隋代（581～618年）
直径 2.3、穿径 0.8 厘米
征集

圆形方孔，正面无内郭，背面内外均有郭，郭较宽。正面有篆书"五铢"，"五"字交叉两笔较直，近穿处有一道竖纹。

"开元通宝"铜钱

唐代（618～907年）
直径 2.6、穿径 0.7 厘米
征集

圆形方孔，内外均有郭。正面阳文楷书直读"开元通宝"，背面穿上下有星月纹。

"乾元重宝"铜钱

唐代（618～907年）
直径 2.6、穿径 0.7 厘米
征集

圆形方孔，内外均有郭。正面阳文楷书直读"乾元重宝"，背素面。

"天圣元宝" 铜钱

北宋（960～1127 年）
直径 2.5、穿径 0.7 厘米
征集

圆形方孔，内外均有郭。正面阳文篆书旋读"天圣元宝"，背素面。

"元丰通宝" 铜钱

北宋（960～1127 年）
直径 2.8、穿径 0.7 厘米
征集

圆形方孔，内外均有郭。正面阳文篆书旋读"元丰通宝"，背素面。

"大定通宝" 铜钱

金代（1115～1234 年）
直径 2.4、穿径 0.6 厘米
征集

圆形方孔，内外均有郭。正面阳文楷书直读"大定通宝"，背素面。

"大中通宝"铜钱

明代（1368～1644年）
直径 4.3、穿径 1.3 厘米
1984年河南省沁阳县柏香乡
西两水村征集

圆形方孔，内外均有郭。正面楷书直读
"大中通宝"，背面穿上有"十"字。此铜
钱为明代洪武年间宝源局铸币。

"宽永通宝"铜钱

1625 年始铸
直径 2.5、穿径 0.6 厘米
征集

圆形方孔，内外均有郭。正面楷书直读"宽
永通宝"。为日本铜钱，始铸于日本后水尾
天皇宽永二年（1625年，相当于明天启五
年），后累朝鼓铸，长达二百余年。

"康熙通宝"铜钱

清康熙（1662～1722 年）
直径 2.7、穿径 0.6 厘米
征集

圆形方孔，内外均有郭。正面楷书直读"康熙通宝"，背面穿两侧有满文铸局名"宝泉"。此铜钱为清康熙年间宝泉局铸造，钱文"通"为单点走之旁，"熙"字左侧少一竖笔，俗称"罗汉钱"。制作精美，铜质精良，书体工整隽秀，字迹清晰，传世较少，为康熙皇帝六十岁大寿时特制的万寿钱。

"康熙通宝"铜钱

清康熙（1662～1722 年）
直径 2.6、穿径 0.5 厘米
征集

圆形方孔，内外均有郭。正面楷书直读"康熙通宝"，"熙"字左侧多一竖笔，"通"字为双点走之旁。背面穿两侧有汉、满文铸局名"宁"。此铜钱为清康熙年间甘肃宁夏府铸局铸造，铸文均为楷书，书体隽美清晰，为当时的流通币。

"乾隆通宝"铜钱

清乾隆（1736～1795 年）
直径 2.5、穿径 0.6 厘米
征集

圆形方孔，内外均有郭。正面隶书直读"乾隆通宝"，背面穿两侧有满文铸局名"宝源"。

"咸丰元宝"铜钱

清代（1644～1911年）
直径 5.7、穿径 1、缘厚 0.5 厘米
1999年河南省沁阳县王曲乡南
鲁村征集

圆形方孔，内外均有郭。正面楷书直读"咸丰元宝"，背面穿上下有"当五百"三字，穿左右有满文铸局名"宝泉"。此铜钱为清代咸丰年间的流通货币，咸丰大钱的铸造，反映了当时政治腐败，经济出现危机，大钱充斥市场的社会状况。

"光绪通宝"铜钱

清光绪（1875～1908年）
直径2.1、穿径0.5厘米
征集

圆形方孔，内外均有郭。正面楷书直读"光绪通宝"。背面穿上下有月星纹，穿左右有满文铸局名"宝河"。

"光绪重宝"铜钱

清光绪（1875～1908年）
直径3.1、穿径0.8厘米
征集

圆形方孔，内外均有郭。正面楷书直读"光绪重宝"。背面穿上下有"当十"二字，左右有满文铸局名"宝泉"。

"太平天国"铜钱

太平天国（1851～1864年）
直径2.5、穿径0.7厘米。
征集

圆形方孔，内外均有郭。正面隶楷书直读"太平天国"，背面穿上下楷书"圣宝"二字。

铜鎏金观音立像

北齐（550～577年）
座长3、座宽2.4、座高2.5、
通高9厘米
1984年河南省沁阳县柏香乡
贺村征集

圆形头光，头戴宝冠，长圆脸。身长腰细，右手前臂上举过肩，掌心朝上，左手下垂过膝，跣足立于束腰圆台之上。圆台下为方形台座。通体鎏金。

铜释迦牟尼立像

隋代（581～618 年）
座长 2、座宽 1.8、座高 1.7、
通高 6.3 厘米
1984 年河南省沁阳县柏香乡
董庄村征集

头戴宝冠，脸稍长，身穿袈裟，双手抬至胸
前，跣足立于圆台之上。有桃形背光至足部，
上有阴刻圆形头光，背光上部残缺。圆台下
为方形台座，座上阴刻楷书"开皇"二字。

铜鎏金释迦牟尼坐像

唐代（618～907 年）
座长 3.3、座宽 2.5、座高 3.5、
通高 9.1 厘米
1984 年河南省沁阳县葛村乡伏背
村征集

头戴宝冠，高髻，大耳下垂，面目慈祥。身披
袈裟，袒胸，左手放于左腿上，右手上举至胸
前，掌心向外，五指自然伸展，施无畏印。结
跏跌坐于下大上小的三层须弥座上。通体鎏金。

铜鎏金菩萨坐像

明代（1368～1644 年）
座长 19.8、座宽 4.3、座高 8.5、
通高 30 厘米
1984 年河南省沁阳县紫陵乡
西紫陵村征集

头戴宝冠，方圆脸，长眉细弯，双目微合。
双耳系坠，坠缨垂肩，袒胸露臂，胸腹部
有璎珞，臂肩上有小鸟、宝瓶、花蔓等装
饰，飘带自双臂垂于座下。双手结手印，
结跏趺坐于束腰仰覆莲花座上。通体鎏金，
铸造精细，装饰华丽。

铜菩萨坐像

明代（1368～1644 年）
座长 11.8、座宽 5、座高 5.3、
通高 21 厘米
1984 年河南省沁阳县柏香乡
大董庄村征集

头戴宝冠，方圆脸，面部丰满，前额宽平，头背后扁平，长眉细弯，双目下视，双耳系坠，坠缨垂肩。袒胸露臂，胸前有璎珞，肩搭披帛垂于座下，肩臂处饰小鸟和花蔓。右手掌心向上，中指翘起，置于右腿上。左手上抬齐肩，掌心向前。两足交叉置于左右股上，结跏趺坐于束腰莲花宝座上。

铜菩萨坐像

明代（1368～1644 年）
座长 3.8、座宽 2.4、座高 1.8、
通高 6.8 厘米
1984 年河南省沁阳县王曲乡
南鲁村征集

头戴冠，方圆脸，双目下视，双耳挂环垂肩。胸前饰璎珞，身披袈裟，肩搭披帛，肩臂处饰摩尼宝珠。左手掌心向上横置于脐下结定印，右手掌心向外置于膝前，指尖着地，结触地印。两足交叉置于左右股上，结跏趺坐于束腰莲花宝座上。

日月铜菩萨坐像

明代（1368～1644 年）
底长 138、底宽 98、通高 168 厘米
1979 年河南省沁阳县文化馆移交

头戴八叶宝冠，高发髻，冠上饰八组璎珞，构成日月合抱装饰图案。面部丰满，慈眉善目。双耳系坠，坠璎垂肩。袒胸露臂，胸前佩戴璎珞。双肩披帛，帛带向下缠绕双臂。双手结说法印，双臂戴环，手腕戴镯，臂环和手镯镶嵌宝珠。下着长裙，左右足背交叠于左右股上，结跏趺坐。坐像从腰部分为上下两段，组合成像。此菩萨坐像虽为明代制造，却沿袭了唐代造像风格。

铜释迦坐像

明代（1368～1644 年）
座长 13.3、座宽 9.4、座高 5.8、
通高 22 厘米
1984 年河南省沁阳县王曲乡南鲁村征集

头顶有肉髻，双目微闭，大耳垂肩，面容端庄，神态宁静。躯体丰满健硕，上身着双领下垂式袈裟，下身着僧裙，腰间束带。左手掌心向上横置于腹前，中指上翘，结定印；右手掌心向内下垂于右膝前，指尖着地，结触地印。两足交叉置于左右股上，结跏趺坐于双层莲花宝座上，座下部镂空。

铜鎏金观音立像

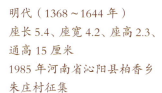

明代（1368～1644年）
座长5.4、座宽4.2、座高2.3、
通高15厘米
1985年河南省沁阳县柏香乡
朱庄村征集

圆形头光，周边饰镂空卷草纹，长圆脸，头戴宝冠，高发髻，头部左右飘带下垂至胸前。颈饰项圈，身披袈裟，袒右胸，露双臂，胸前饰璎珞至膝下，左手握净瓶自然下垂，右手握拂尘抬至胸前，两手腕戴镯。下着裙，裙带从两侧下垂飘于座，跣足立于双层仰莲台上。台下为上圆下方的底座。通体鎏金，大部分脱落。

铜供养人像

明代（1368～1644年）
高13厘米
1990年河南省沁阳市公安局移交

头梳双髻，方脸，面带微笑。身着交领过膝裙，腰带飘至膝部。双手端一菱花形盘，盘内卧一羊。双脚呈"八"字形站立。造型准确、生动形象。

铜武将像

清代（1644～1911年）
座长6.6、座宽5.7、座高1.8、
通高10厘米
1984年河南省沁阳县柏香乡大
董庄村征集

头戴盔，身穿甲，双眉高竖，表情严肃，双
手握笏板。右腿盘放于座，左腿弯曲脚踩底
座，端坐于方座上。通体阴刻纹饰。

铜文官像

清代（1644～1911年）
座长5.2、座宽4.3、座高1.5、
通高14厘米
1986年河南省沁阳县王曲乡
里村征集

头戴冠，双眉高竖，面目严肃，身着宽袖
长袍，肩有网巾，双手握笏板，脚穿云头
鞋，坐于椅上。

错金镶嵌宝石铜带钩

战国时期（公元前475~前221年）

长21、宽2.7厘米

1985年河南省沁阳县西万乡邘邰
村移交

整体呈琵琶形，钩首呈兽头形。钩身正面饰
"山"字纹、圆形纹和蟠虺纹，错金镶嵌宝石。
背面有一蘑菇状纽。

兽面纹铜带钩

战国时期（公元前475~前221年）

长9.5、宽4.9厘米

1989年河南省沁阳市西万镇邘邰
村征集

钩首呈兽头形，钩体呈椭圆形。正面略凸，上
饰兽面纹。背面略凹，中有一柱形纽。

兽面纹雁形铜带钩

汉代（公元前 206 ～公元 220 年）
长 10.6、宽 3.5 厘米
1989 年河南省沁阳市王曲乡南
鲁村征集

整体呈雁形，钩首似雁头，钩体呈弧形。正面略凸，上饰兽面纹，背面中部有一柱形纽。

鎏金龙首铜带钩

清代（1644～1911 年）
长 8.3、宽 1.7 厘米
1984 年河南省沁阳县西向乡
捏掌村征集

钩首呈龙头形，钩体呈弧形。正面饰镂空蟠螭纹，背面靠近尾部有一柱形纽。通体鎏金。

铜马

汉代（公元前206～公元220年）
长5.8、宽1.9、高6厘米
1992年河南省沁阳市西环路出土

马头微抬，双眼平视，张口露齿作嘶鸣状。颈部鬃毛直竖，马尾下卷，四肢粗壮有力。体形拙朴稳重，站姿优美端庄。

龟纽铜印

汉代（公元前 206 ～ 公元 220 年）
印面边长 1.2、通高 1.5 厘米
1992 年河南省沁阳市王曲乡清
平村东建设银行工地出土

印面呈正方形，龟纽，龟背上有阴刻纹饰。
印面有阳刻篆书印文"濛桀私印"。

"军司马印" 铜印

东汉（公元 25 ～ 220 年）
印面边长 2.3、通高 1.9 厘米
1984 年河南省沁阳县西万乡
邘邰村出土

印面呈方形，弓形纽。印面有"田"字形
网格，内阴刻篆书印文"军司马印"。

八思巴文铜印

元代（1271 ～ 1368 年）
印面边长 6.2、通高 6.9 厘米
1965 年河南省沁阳县城东南
角城墙出土

印面呈方形，梯形纽。印面阳刻八思巴文篆
书印文，自右至左对应的汉字为"莒州镇海百
户印"。印背右侧镌刻汉字"莒州百户"，左侧
镌刻汉字"礼部造至正廿一年"。

金蝴蝶

明代（1368～1644 年）
宽 5.5 厘米
1965 年河南省沁阳县城关公社
阳华村出土

蝴蝶形。由金丝编卷而成。通体饰涡纹，蝶
须松脱展开。制作精细，形象逼真。

如意形金耳坠

明代（1368～1644 年）
直径 4 厘米
1993 年河南省沁阳市王曲乡
亢庄村北九重天小区出土

一端为圆棒形，一端为长方形片，中部为如
意形虎头纹。略有变形。

金耳坠

清代（1644～1911 年）
长 3.5、宽 1.7 厘米
1995 年河南省沁阳市太行办事处
清平村西南土地局工地出土

1 对。一端呈圆形花朵状，花朵有圆筒形花蕊，上刻卷草纹，中间饰细金丝组成的弧纹一周，下饰细金丝组成的涡纹花瓣一周。另一端为弯钩。

龙纹金耳环

清代（1644～1911 年）
直径 3 厘米
1996 年河南省沁阳市太行办事
处清平村西南土地局工地出土

1 对。整体呈圆形。一端呈长方形，上饰龙头纹、弦纹、连珠纹、回纹。另一端呈圆棒形，素面。内刻"天谷""足金"四字。

蛙纹金戒指

清代（1644～1911 年）
直径 1.6 厘米
1995 年河南省沁阳市太行办事
处清平村西南土地局工地出土

戒面呈圆形，中间为一可转动的蛙，外有花瓣纹一周。戒环两侧雕刻卷草纹。

银粉盒

明代（1368～1644 年）
直径 6.3、通高 3 厘米
1985 年河南省沁阳县山王庄乡
盆窑村出土

整体呈圆形。由形制相同的盖和身两部分子
母扣合而成，盖母口，身子口。通体素面。

"光绪元宝"银币

清光绪三十四年（1908 年）
直径 3.8 厘米
1984 年河南省沁阳县葛村乡葛村征集

机器铸造。圆形，正面顶部铸楷体"北洋造"三字，底部铸楷体"库平七钱二分"六字，中间铸楷体直读"光绪元宝"四字钱文，中心铸对应的满文直读"光绪元宝"四字钱文。背面顶部铸阿拉伯数字"34"和英文"YEAR OF KUANG HSU"（光绪年），底部铸英文"PEI YANG"（北洋）。背面中心铸一蟠龙图，蟠龙长尾，张牙舞爪，怒目圆睁，炯炯有神，龙鳞雕刻细密有致，周围饰有祥云，呈腾云驾雾状。

第三部分

玉石器

石镞

新石器时代
长 4.1 厘米
1989 年河南省沁阳市
柏香镇贺村出土

青石质。三棱形，圆锥形铤。前锋呈三棱锥形，截面呈三角形。

石凿

新石器时代
长 7、宽 5、厚 2 厘米
1971 省河南省沁阳县
崇义公社范村采集

青石质。平面呈梯形，横截面呈长方形。单面刃，柄端较窄，刃部较宽，通体磨制光滑。

石斧

新石器时代
长 8、宽 3.5、厚 2.7 厘米
1974 年河南省沁阳县西
向公社捏掌村出土

青石质。平面近长方形，横截面呈长方形。上部圆钝，双面刃，弧刃较锋利，斧身凿制，刃部磨制。

石刀

新石器时代
长 11.3、宽 4.4 厘米
1971 年河南省沁阳县
崇义公社范村采集

呈黑灰色。近椭圆形。上厚下薄，中部
有一圆孔。两面刃，通体磨光。

锯齿石镰

新石器时代裴李岗文化时期
长 11.5、宽 4.4 厘米
1986 年河南省沁阳县西向乡
横道村采集

青石质。半月形，背部呈弧形，刃部略
有弧度，呈细密的锯齿状。

石耜

新石器时代裴李岗文化时期
长 25.4、宽 13.5、厚 1.7 厘米
1991 年河南省沁阳市葛村乡
保方村出土

沁阳市博物馆馆藏文物精粹

青石质。近椭圆形。边缘有刃。通体磨
光，有使用痕迹。

单孔石铲

新石器时代仰韶文化时期
长 19.3、宽 9.1、厚 1.7 厘米
1964 年河南省沁阳县柏乡公社
圪垱坡村采集

青石质。梯形。上部中间有孔，边缘薄，中
间厚。通体磨光，有使用痕迹。为仰韶文化
二、三期器物。

蟠虺纹玉玦

战国时期（公元前 475～前 221 年）
内径 3、外径 5.2、厚 0.2 厘米
1972 年河南省沁阳县崇义公社苗庄
涝河出土

白玉质。圆环形，有缺口。正面饰线刻蟠虺纹，背素面。

玛瑙环

战国时期（公元前 475～前 221 年）
内径 5.3、外径 8、厚 1.1 厘米
1972 年河南省沁阳县崇义公社苗庄
涝河出土

玛瑙质。圆环形。横截面呈五边形，素面。通体乳白色。

白石猪

汉代（公元前 206～公元 220 年）
长 11.2、宽 1.8、高 3 厘米
1978 年河南省沁阳县葛村乡西庄村出土

1 对，形制相同。长条形。卧姿，腰部下凹，四肢
前屈，鼻、眼、嘴、耳、尾处均有圆孔。通体白色。
以汉八刀手法表现细部，神态逼真，体现了汉代石
雕朴实、生动的特征。

白石猪

唐代（618～907年）
长 4、宽 1.9、高 1.7 厘米
1991 年河南省沁阳市山王庄镇
张庄村砖厂出土

白石质。嘴高翘，体态肥胖，四肢作行走状。形象逼真，动感强。

椭圆形石坠

唐代（618～907年）
长 22.6、宽 13、厚 4.7 厘米
1992 年河南省沁阳市山王庄镇
张庄村出土

青石质。椭圆形。两面微凸，四周平直，一端有一圆形穿孔。

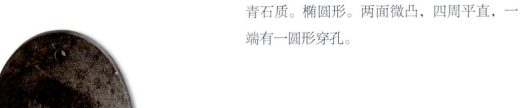

带盖石盒

唐代（618～907年）
通高 2.8、口径 6 厘米
1991 年河南省沁阳市山王庄镇张
庄村砖厂出土

青石质。整体呈圆形。由形制相同的盖、身
两部分子母扣合而成。盖和身侧面各有凹弦
纹一周。

腊石三足炉

唐代（618～907年）
高 3.8、口径 3.6、腹径 5.1 厘米
1987 年河南省沁阳县山王庄乡
张庄村出土

敞口，束颈，圆鼓腹，圜底，三蹄足。口沿
和肩部各饰凹弦纹一周。

青玉透雕福寿牌

清代（1644～1911 年）
长 5.8、宽 5.1、厚 0.3 厘米
1984 年河南省沁阳县崇义乡
崇义村征集

青玉质。近圆形。顶部有圆形穿孔。牌身饰镂空阴刻蝙蝠、"喜"字和花卉纹。双面雕刻，且纹饰相同。制作精细，图案寓意福寿，是清代常见的装饰品。

青玉透雕蝴蝶牌

清代（1644～1911 年）
长 6.9、宽 4.5、厚 0.4 厘米
1984 年河南省沁阳县崇义乡崇
义村征集

青玉质。近半圆形。牌身饰镂空阴刻蝴蝶和花卉
纹。单面雕刻，制作精细，是清代常见的装饰品。

白玉龙首带钩

清代（1644～1911年）
长 9.9、宽 2 厘米
1984 年河南省沁阳县崇义乡
崇义村征集

白玉质。长方形，钩首呈龙头形，钩体微鼓呈弧状，尾部刻兽面纹，背面一圆钮。

沁阳市博物馆馆藏文物精粹

银如意首翠簪

清代（1644～1911年）
长 10.5 厘米
1984 年河南省沁阳县崇义乡
崇义村征集

整体呈扁平弧状。一端镶如意形银质回头钩，另一端翠面饰阴刻圆形"寿"字纹。制作精细。

"昆山片玉" 抄手砚

清同治七年（1868 年）
长 18.9、宽 10.4、高 3.5 厘米
1985 年河南省沁阳县城关镇征集

石质。长方形。正面有水槽。砚底挖空，两边为墙足，可用手抄底托起。底部有铭文"昆山片玉／戊辰小意园镌"二行十字。

"仁寿" 石印

清代（1644～1911 年）
长 2.5、宽 1.7、高 3.5 厘米
1984 年河南省沁阳县柏香乡贺村征集

印面呈长方形，卧羊纽。印面有竖排阴刻篆书印文"仁寿"。

妆点羁秀藻颣

珠树簇崖遊羽弱

香鳞躍清池肆

寄以歡宴之奇

第四部分

石刻

石辟邪

东汉（25～220 年）
座长 156、座宽 52、座高 12、通高 115 厘米
1977 年河南省沁阳县葛村乡西庄村平冢出土

青石质。头生短平独角，面貌似狮非狮，似虎非虎，双目圆睁，昂首鼓胸，肩生双翼，长尾下垂，四肢交错，作探身状。足下为长方形素面台座。该辟邪满身鳞状痕迹，为雕造胚胎，系半成品。

邓禹墓石辟邪

东汉（25 ~ 220 年）
长 210、宽 88、高 160 厘米
1984 年河南省沁阳县王曲乡里村邓禹
墓出土

青石质。昂首挺胸，头部残，面目不清。躯干似虎，身长，腰细，臀宽，体态雄健。颌下有鬣毛下垂，肩生双翼，背脊突出，全身阴刻线状披毛，毛端卷曲，后臀耸起，四肢（残）呈奔走状。通体采用圆雕、浮雕及阴刻结合的手法制成。邓禹为东汉大将，封高密侯。此辟邪不仅显示出墓主人身份的显赫，也反映了汉代石刻遒劲的艺术风格。

四面造像碑

北魏（386～534年）
碑身长53、宽50、高112厘米，座长85、宽78、高26厘米，通高156厘米
1972年河南省沁阳县柏香公社冯桥村（原在兴隆寺）拨交

由碑盖、碑身和碑座三部分组成。碑盖庑殿顶，四角已残。碑身呈方柱形，四面均有上、中、下三龛。碑座呈方形。雕刻内容丰富，制作规范，工艺精细。所刻白马吻足、文殊问疾、弥勒转世等佛教故事，皆为北魏中晚期最为流行的造像碑题材。

一佛二菩萨二弟子造像碑

北齐武平六年（575 年）
宽 26、高 47.5、厚 7 厘米
1986 年河南省沁阳县紫陵乡拨交

碑顶圆首，正中雕一坐佛，坐佛两侧各刻一飞天，间有忍冬草装饰。碑中部为一龛，龛上部正中雕一主佛，两侧各刻一菩萨及一弟子。主佛头戴宝冠，身着袈裟，双手自然搭在膝盖处，善跏趺坐于矮榻上。两菩萨和两弟子跣足侍立。下部正中雕刻模糊不清，两侧各刻一昂首翘尾蹲立的护法狮。碑下部有线刻造像和铭文。侧面刻铭文"武平六年三月十三日仏弟 / 子苟士明□造像一区"二十字。该造像碑人物面目丰满，体态粗壮，衣纹平浅，线条圆畅。

北朝线刻石棺床

北朝（386～581年）
长233、宽112、通高92厘米
1972年河南省沁阳县西向公社
粮所出土

床体呈长方形，由床腿、床架、床面、床围四部分组成。床腿前三后二。前床腿及架上线刻人物及鸟兽花卉等图案十九幅。床面有三块石板并列平铺。床面上左右及后面有围板四块，每块内侧面线刻人物画像四幅，共十六幅。画像内容有菩萨、羽人、仕女、男仆、驭手、卫士、凤凰、迦陵频伽、神兽、忍冬、蔓草、莲花、熏炉、摩尼珠等。

石龙头

唐代（618~907 年）
长 180、宽 80、高 115 厘米
1982 年河南省沁阳县第一中学拨交

1 对。各由两块长方体青石上下组合而成，使用圆雕技法。每个龙头均分头、颈两部分。头生双角，伏于脑后，巨目圆睁，小耳后贴，龙口大张，獠牙巨齿。一龙舌前伸，舌尖微向上卷，轻触上颚；一龙舌上卷直抵上颚。颌下有须两束，唇边以阴线与浅浮雕技法雕琢，眉与颈须用阴线表示。两石间凿有方形流水孔贯穿前后，使水从龙口中喷出。颈部仅雕成长方体毛坯，未经打磨。石龙头原位于县城南街圣水观前池畔，1977 年河南省沁阳县第一中学在修建纸厂打井时发现。该石刻造型浑厚硕大，雕刻风格粗中有细，反映出盛唐时期石雕艺术的特征，是研究唐代石雕艺术和水利设施的实物资料之一。

泥金石菩萨像

唐代（618～907年）
座长 13.7、座宽 9.1、座高 7、通高 42 厘米
1989 年河南省沁阳市西乡镇捏掌村在挖河道时发现

青石质，通体泥金。面庞丰满，双目俯视，双耳饰环垂肩，束发戴冠，着宝缯，颈饰项链，念珠自颈到腰交叉穿万字纹圆环垂于膝下，手腕戴镯，上身斜披帔帛，祖右胸，腰间系带至膝打花结飘于座，下着长裙，右手上举握拂尘（残缺）飘于肩，左手下垂扶净瓶，跣足立于束腰莲花座上，座底部为八边形。

石天王像

唐代（618～907年）
宽15、残高25厘米
1989年河南省沁阳市西向镇捏掌村
在挖河道时发现

青石质。头侧倾，高发髻，双目外鼓，龇牙咧嘴，上身袒露，胸腹凸鼓。肩部有飘带垂至双足，下着裙，腰带、裙褶明显。右手托物至肩，左手向下紧抓飘带，双足残缺。雕法圆熟精炼，造型、神态生动形象，充满力量感。

宜人李母宋氏墓志

明成化二十二年（1486 年）
志、盖均边长 54、厚 8 厘米
1983 年河南省沁阳县王召乡李
大人庄村出土

由志盖和志石组成。焦芳撰文，姜立纲书丹，李东阳篆盖。志盖篆书"大明封宜人李母宋氏之墓"4 行 11 字。志文 28 行，足行 31～33 字，楷书。志文详细记载了宋氏生平及子孙情况。志文书丹者姜立纲为明代书法家，被誉为"一代书宗"，他的墨迹留传下来的寥寥无几。此墓志书法用笔庄重浑厚，字体清劲方正，点画精到，匀称工整，是不可多得的书法珍品，对研究姜立纲书法艺术弥足珍贵。

朱载堉墓神道碑

明天启四年（1624 年）
残宽 109、残高 116、厚 43 厘米
1986 年河南省沁阳县山王庄乡九峰寺旧址出土

即"郑端清世子赐葬神道碑"，由明末清初大书法家王铎撰文并书，行草书体。原碑共约 1770 字，现残存 19 行 297 字。碑文详细记载了明代宗室朱载堉的家世和生平。神道碑当时刻而未立，存于九峰寺。1938 年，侵沁日军焚掠九峰寺，神道碑被火烧裂埋于地下。1986 年，沁阳县文物部门在九峰寺西配殿内将残碑发掘出土并收入馆藏。该碑虽现存文字不多，但其中不少内容为史志未载，是证史、补史的重要实物资料。

明刻《来石吟》碑

明崇祯十一年（1638 年）
纵 29、横 106～112、厚 11 厘米
1985 年河南省沁阳县柏香乡柏香村学
校拨交

1 套 2 块，青石质，呈青灰色。系宁夏巡抚乡人杨嗣修为河内
二仙庙飞来石题写的诗作，明崇祯十一年津口后学梁璟书丹。
书法结构严谨，用笔流畅，颇具书圣王羲之"遒媚劲健、英俊
豪迈"的风度，是不可多得的书法艺术珍品。

来石吟肴引

石高二三丈方廣七尺

南北一縱徹地世傳自

天飛来之君以金籍兮

之丁丑之夏余以檮雨

涇追憶舊游業四十年

笑賦而成吟

大道沒来言又言遽莫貽

彰耳目前何庸隆隆形

古牧令神聖菩歸雙混派

為點級輝藍菁欝詩草本豐

就如妝石明而霽雨山逢

東之山面就元凜乙為穩

計縈金左瀅紫虛昌宮闕

巍峩金碧煌不高隱耀佑

靈彷神光現示乙夜章甘

瀟淋漓九野望就非此名

引之長道可道契合此名

乾坤老石可石範圍世涉

無勞倭傳留萬禩爲赫矣

老我行年七十四空慶詔

麦爲秀士肇先头夫興先
群氏余来髮擿鉛與蟲逄
之外従五師友依栖殿廟
子子晨尻性善假麻榭
苦麼驚而支復乾之無所
之書襄糧詣簡逗菴師授
以麟經然糧易告遇也時
余与皇甫子鳥苦茲驪先
郡伯詹郡李生書院課士
歸曰三閲始幾一課力不
能致書每欲一遍口誦手
鈔不敢朦置貧賤攻苦余
不肖實備嘗之先大夫嘗
語余曰困窮境回逆學力
閡於是矣每見院達者其
玄通穾奧幾何日面遺遇

八寸裹末嘗頃刻之也先
大夫以余不肖之故念及
来之不盡如余者又志及
憨遺尔弟之與代龍斯
者尚其名詰癸曰力叩爲
而爲之迄余裹游晦矣
時一
崇禎十二年己卯仲秋日
軍懷七十六歲老人楊
嗣修撰
肆口後紫梁璩集
看右将軍王羲之書

明刻《延香馆记》碑

明崇祯十二年（1639 年）

纵 29、横 106～112、厚 12 厘米

1985 年河南省沁阳县柏香镇学校拨交

1 套 2 块，青石质。明万历丁未进士宁夏巡抚乡人杨嗣修撰文，津口后学梁璟集东晋著名书法家王羲之行书写成。碑文记载了修建延香馆义学的原因、经过及延香馆的建筑设施情况。后有落款"覃怀七十六岁老人杨嗣修撰，津口后学梁璟集晋右将军王羲之书"。书法遒逸劲健，神韵潇洒，行笔峭劲秀丽，自然流畅，颇似书圣之笔，是不可多得的书法艺术珍品。

明刻王铎书《创柏香镇善建城碑铭》

明崇祯十四年（1641 年）

纵 33、横 102～131、厚 14 厘米

1985 年河南省沁阳县柏香乡柏香村学校拨交

1 套 11 块（缺 1 块），青石质。明末清初书法家王铎撰文并书。碑文记述了柏香镇的地理位置及修建善建城的原因和经过。碑文以大楷书写，颜筋柳骨，多异体字。此碑文不仅具有极高的书法艺术价值，而且为研究明末农民起义军在怀庆一带的活动提供了重要资料。

庇迺胥攸處
自茲
朝廷享億季
之景鑠君學
是媢外攘內
安風雨節凶
穀積四方胥
紀絪兵下肆
靖而無滐皿
履胥之事老
壽無害不康
居此城學孫
以之受太平
之祉哉雖朕
徵中丞公不
及此初
兵孚命邨墟
得築埤入保
公請大吏名
曰義建城嗟
夫楊公之悳
遠矣公生柏

香蜿壇青葛
之气蜚祥胥
韓古之亾城
漕城謝城韓
勤墉霞隍春
龝書築城彝
非欲休息一
竝以免於亾
患也公耦於
政餘於剮費
省功倍盍末
經紀以生群
魂鏃不苟傷
刃不妟加火
用嚴禁它籍
罔覩蜚邃亦
胥所衆所關
竝衙匪細也
餘斷言之農
桑老壽各保
奠性命不奠
朕厚柏香耆

爻來求予銘
公諱嗣修字
景歐丁朱進
士銘曰
竝運啓行笠
陂笠平偶遭
阬會又移平
亨鐵鏟流隸
厶齊旣生姦
徒秦晉遊梟
是丁殪什焱
駭闇轢遠鈎
亾哭鬼怒衛
地靡寧日月
孏嫚飑魋無
禎柏香父老
不違毀耕匪
謨昌拯匪畝
昌興楊公胥
穀罔難罔驚
山屹排議創

起干城以防
內舋闍閣飛
聲曰斷窒義
捐背克盈众
乃不悟不煩
於征靈鼉以
鼓鞾約以從
后楯鐵樞隍
塹克營峍屼
奠旋困淼池
厷激勸胥序
僉曰崢嶸亾
裕險悖輯心
熊能皇肅厥
壁皇燦厥旌
峙啾金湯男
女攸憑小大
畢賀不儕於
容僾姍婪肩
歌舞扣鉦公
復裝庚肉孫
生窮卅焉亾
意樂業無殲
奴喙不怖寇

氛自嬰䖟可
斷而虎不入
宮載絲載杼
載饁載清嗆
音映畞秎紀
在坰謔彼藝
穫樹蕗茂菁
回勞非遞何
築非功元雖
非嘗存蔑賴
墉河雄板蕩
虩窺汴京疇
創此吉允保
鋒凶望者輷
螭狂趫不萌
厥厲斬永黔
靁今魏佐佑
奠昌嘉气日
蒸小己泯言
楊公綷名欻
奠艾華尚克
慎承砰磷鬱
律亾勤穡秉

軋忽旣埽哦
粟戴明城存
息存愚神曰
泯鴻浴野王
訒心斲繩億
萬季閏茲后
彝徵
崇禎十四秊
仲冬
賜進士資政
大夫南京禮
部尚書前春
坊諭德右庶
學少正詹事
禮部左右侍
郎掌南北翰
林院纂修實
錄撰文　呂
對講官記注
會典副總裁

明刻王铎书《延香馆仿古碑帖》

明崇祯十四年（1641 年）
纵 34、横 100～126、厚 14 厘米
1985 年河南省沁阳县柏香乡柏香村学校拨交

1 套 10 块，青石质。明末清初书法家王铎撰文并书。书法草中有楷，纵中有敛，错落有致，韵味无穷，达到了炉火纯青的艺术境界，是研究王铎晚期书法艺术成就的重要参考资料。

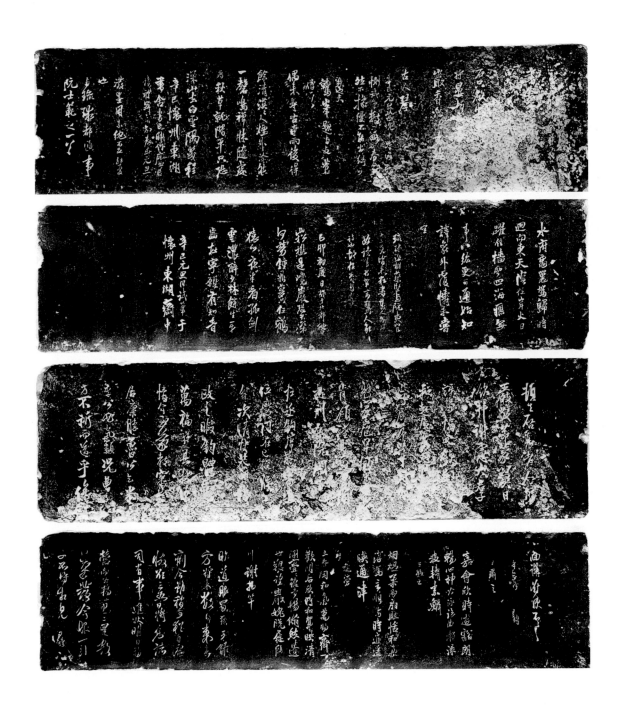

明刻王铎书杨公景欧生祠碑

明崇祯十五年（1642 年）
纵 30、横 100～140、厚 14 厘米
1985 年河南省沁阳县柏香乡柏香村学校拨交

1 组 4 块，青石质。明末清初书法家王铎撰文并书。碑文记载了修建杨嗣修生祠的原因及经过。碑文取法二王（王羲之、王献之），酣畅淋漓，魄力雄迈，气韵生动，雍容大雅，既继承了传统风格，又具个人特色，是研究王铎行草艺术成就的珍贵资料。

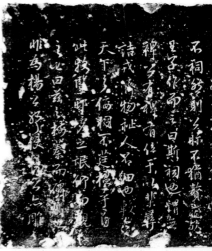

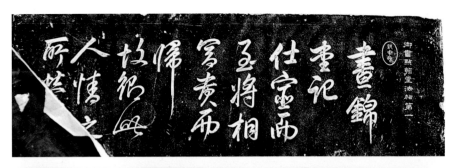

御筆點韓魏堂法帖第一

書錦
堂記
仕宦而
至將相
富貴而
歸故鄉
此人情之
所榮

舞母
而被往
郡者乃
邦
家之光
閭里閭
之榮也
余雖云
獲公之
三畫韋

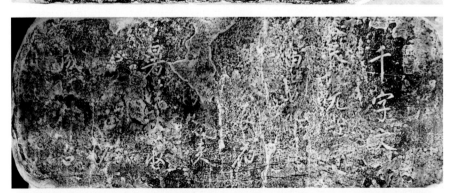

常竊
誦之之
書樂之
之志者
朱而高
莠天下
道也歟

千字

矩步引領
俯仰廊廟
束帶矜
莊徘徊
眺眺陋寨
聞愚蒙
等誚謂語
助者焉哉
乎也

康熙壬午
冬

康熙御书《点翰堂法帖》碑

清康熙（1662～1722 年）

纵 34～38、横 52～104、厚 7.5～13 厘米

征集

碑石呈灰白色。系清代名臣、山西泽州人陈廷敬在内阁时将康熙皇帝颁赐御书恭摹勒石而成。共 80 余方，沁阳市博物馆藏 46 方，其中 12 方基本完整，34 方有残损。分"御书点翰堂法帖第一"和"御书点翰堂法帖第二"两部分。第一部分内容为宋代欧阳修的《昼锦堂记》和南北朝时期周兴嗣编纂的《千字文》，第二部分内容为唐诗宋词及名言佳句。该法帖碑虽有残缺，却是康熙中年以后各个阶段的书法艺术成就的代表，是研究康熙书法艺术的重要实物资料。

曹谨墓志

清咸丰二年（1852 年）
志、盖均纵 57、横 101、厚 13.5 厘米
1984 年河南省沁阳县城关镇南关村
皮革厂征集

由志盖和 2 块志石子母榫口套装组成。李棠阶撰文，毛鸿顺书
丹，张调元篆盖，闫锡玉刻石。志盖正面阴刻篆文"皇清诰授
朝议大夫晋授中议大夫赏戴花翎即补海疆知府前淡水同知丁
卯科解元怀櫟曹公墓志铭"11 行 41 字。2 块志石志文共 74 行，
满行 24 字，小楷。志文详细记载了曹谨一生的政绩，尤其是他
在台湾八年兴水利、除盗贼、平械斗、抗英夷的突出贡献。志
文所载部分内容不仅可与《清史稿·曹谨传》及《台湾通史》
等史志相互印证、补缺纠误，而且为研究清史，尤其是鸦片战
争史提供了可靠的实物资料。

石朝天吼

清代（1644～1911年）
座边长38、座高22、
通高86厘米
捐献

青石质。身座一体，底座四侧面雕刻有对称莲瓣纹。石兽鬣毛呈螺状，仰首朝天，瞠目鼓瞳，阔口大张，颈部戴项圈、挂銮铃。弓腰挺臀，筋腱凸出，尾向上竖起贴于背部，四肢肌肉发达、强健有力，前腿直立、后腿左右分开蹲坐。整体呈昂首朝天怒吼状，有随时腾跃奋起之势。

第五部分

近现代文物

中原野战军第四纵队颁发给司林的战斗英雄奖状

1949 年
纵 10 厘米、横 7.3 厘米
2000 年河南省沁阳市马坡村司林捐献

竖长方形棉纸。封面印有毛泽东主席和朱德总司令的半身像及"奖状""人民解放军中原野战军第四纵队"字样。奖状内文对司林同志在解放军南进渡江以来战斗中的英勇表现进行了表彰，并将其评为战斗英雄，落款有司令员、政治委员、参谋长、政治主任姓名及时间"中华民国三十八年"。

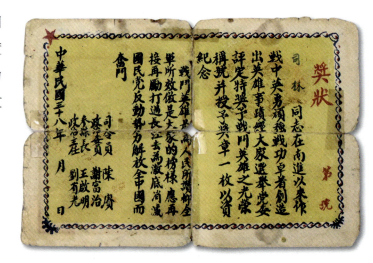

张和义的战斗英雄奖章

1947 年
直径 4.1 厘米
1999 年 7 月 14 日河南省沁阳市西万镇西万村张和义捐献

铜质。圆形，背有别针。正面以蓝、白为底色，中间站一手握步枪的士兵。士兵头顶有"战斗英雄"字样，脚下有"1947"字样，左、右各有红五星和金黄麦穗图案一组。背面有"晋冀鲁豫第四纵队220"字样。

①

②

③

④

马绍孔烈士获得的荣誉奖章

1948～1950 年
①直径 2.8 厘米；②宽 3.5 厘米、高 3.6 厘米；
③直径 3 厘米；④直径 3.3 厘米
1986 年烈士马绍孔之弟马绍元捐献

马绍孔（1930～1951 年），回族，河南省沁阳市城关镇自治街人。1946 年 7 月加入中国人民解放军。1948 年参加淮海战役，并火线入党。1949 年 5 月，马绍孔出席中华全国青年第一次代表大会，在万寿山受到毛泽东同志的亲切接见。之后，他又先后参加了渡江战役、西南战役和抗美援朝战争。1951 年在抗美援朝战争第五次战役大水洞战斗中不幸中弹牺牲，年仅 21 岁。

①人民英雄奖章：铜质，圆形。正面主题图案为头顶红色五角星的展翅雄鹰，下部有蓝色的"人民英雄"字样。背面有"1948N"字样。

②淮海战役胜利纪念章：由中国人民解放军中原军区颁发。铜质，不规则形。正面主题图案为左右各六支相互交叉的带刺刀的步枪，中间托起一红色五角星，五角星下有"淮海战役胜利纪念"字样。中间为水波纹。下部有"中原人民解放军"字样。背面有"1948.11.5—1949.1.10 中原军区制"字样。

③渡江胜利纪念章：由中国人民解放军华东军区颁发。铜质，圆形。正面主题图案为百万雄师渡江的场景，下部有"渡江胜利纪念"字样。背面有"中国人民解放军华东军区颁发一九四九年四月二十一日"字样。

④英模奖章：由中国人民解放军西南军区颁发。铜质，圆形。正面主题图案为中国人民解放军军旗和金色麦穗。军旗上有"英模"二字，下有"1950"字样。背面有"西南军区赠"字样。

西北军政委员会颁发给田世武的人民功臣奖章

1950 年
直径 3.4 厘米
1999 年河南省沁阳市西万镇西万村田世武捐献

铜镀金，圆形。正面主题图案为以五星红旗为背景的金色毛泽东主席像。下方有"人民功臣""西北军政委员会颁"字样。背面刻有"上海亚洲厂制 /1950 年"字样。奖章上部系有红蓝相间的丝带，丝带正面镶嵌一颗金色五角星。

中国人民解放军西南军区颁发给姜文亮的解放西藏纪念章

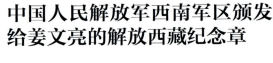

1952 年
宽 3.1、通高 7.7 厘米
2000 年河南省沁阳市王召乡尚香村姜文亮捐献

铜质，近椭圆形。正面图案由红旗、毛泽东主席头像、五角星、地图及麦穗组成。下有汉文和藏文的"解放西藏纪念"字样。背面有"西南军区颁发 1952.8.1"字样。

国防部颁发给张九文的解放奖章

1955 年
直径 3.2 厘米
1999 年 7 月 21 日河南省沁阳市西万镇校尉营村张九文之子张小锁捐献

铜镀金，圆形。上有五边形合金包锦条胸钩。正面为一五角星和天安门图案。背面自上而下依次为五角星、"1945""1950"字样、天安门图案以及"解放奖章""中华人民共和国""1955 年北京"等字样和奖章编号。此奖章是中国共产党领导人民武装夺取全国革命胜利的纪念。

红彩花卉纹瓷盘

近现代
口径 13、底径 7.1、高 2 厘米
2000 年河南省沁阳市崇义镇崇义村
杨介人之子杨殿立捐献

敞口，弧腹，圈足。青白釉，红彩。盘内饰红彩
花卉纹，外壁饰红彩三道，刻"介臣"字样。圈
足内有"裕农恒景镇彩瓷出品"红色椭圆形印章款。
此盘为第二次国内革命战争时期革命先驱杨介人
使用过的生活用具，具有较高的历史价值和纪念
意义。

外文瓷壶

近现代
口径 5.5、腹径 12.8、底径 7.8、高 18 厘米
1984 年河南省沁阳县渠沟乡西渠沟村征集

盘口，长颈，平肩，圆腹下收，平底。口部有流，颈
肩部有柄，上腹部有一环形装饰，腹中部饰凹弦纹一
周。白胎，胎质坚硬。凹弦纹以上施酱色釉，以下施
白釉，白釉上饰黑色英文单词和人头像注册商标图案，
底部无釉。此壶是民国时期英国福记公司在焦作开矿
时遗留下来的 HOLMON WHISKY（霍尔曼威士忌）
酒壶。

宣化磁厂赠给狼牙山五壮士之一
宋学义英雄的瓷茶具

1961 年
壶口径 6.8、腹径 11.9、底径 6.5、通高 13 厘米，杯口径 8.2、
底径 4.2、高 5.7 厘米
1979 年河南省沁阳县王曲公社北孔村宋学义夫人李桂荣
捐献

茶壶和茶杯均为圆形，白色瓷胎，胎质坚硬。茶壶由盖和身子母口扣合而成。盖有纽，子口。身母口，直口，丰肩，圆腹下收，有流和柄，圈足。茶杯侈口，筒腹下收，有柄，卧圈足。茶壶和茶杯口沿均饰金线，腹部一侧饰水彩花卉纹，另一侧黑色行书"赠给狼牙山五壮士宋学义英雄，宣化磁厂全体职工，1961 年 5 月"，近底部饰模印莲瓣纹。此茶壶和茶杯为宋学义生前所使用。

牛皮腰卡

1953 年
纵 26、横 92 厘米
1971 年河南省沁阳县王曲公社北孔村
宋学义夫人李桂荣捐献

以牛皮和钢板制成，展开呈长方形，中间和两端略宽。前部两皮间夹竖向钢板六块，两端皮内各夹钢板一块。上下共有皮带扣三道，上部由前向后安装背带两条。腰卡外侧为酱红色，内侧为白色。此腰卡伴随宋学义度过了近二十年的革命生涯，是进行爱国主义教育和革命传统教育的生动实物教材。

杨介人《廉泉诗稿》

近现代
纵 8～17.2、横 11.6～22.5 厘米
1982 年河南省沁阳县崇义公社崇义村
杨介人之子杨殿立捐献

红色宣纸 6 张，录诗 9 首，楷书。主要内容有"马列主义传到中国""人要有志气""工农受苦大""工农力量大""打倒帝国兴国家""叛徒实可恨""革命叛徒真可恶""狱中好似阎罗殿""反动势力休猖狂"等。是研究杨介人烈士革命思想及其生前革命斗争生涯的珍贵实物资料。

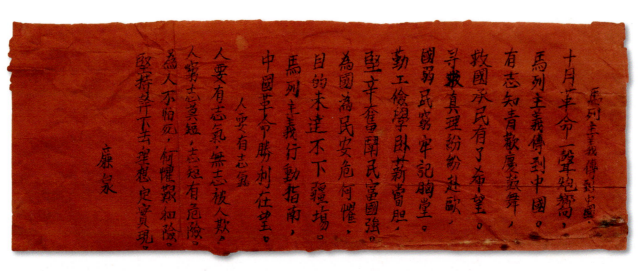

叛徒實可恨，混進革命內。
漂亮言和辭，欺騙不少人。
艱險環境中，立場不堅定。
在敵法廳上，身嚇軟如泥。
只圖生榮富，投降又屈膝。
披著革命衣，為敵去效刀。
供出某機者，出賣同志身。
革命受損失，眾取經和訊。
同志要警惕，除惡下決心。
革命少損失，同志少犧牲。
康泉

打倒帝國興國家。
帝國主義野心大，妄想吞並中華華。
稱霸東亞為大國，說我中國一盤沙。
分裂我國是毒計，軍閥四起亂國家。
政府無能喚民眾，有志之士抻救弱。
國恥民辱何日洗。只求真理救國家。
國家興亡都有責，号求類聚定天下。
縮一團結是根本，喚起民眾是妙法。
中華兒女古壯志，有誌得人樂國家。
努力奮鬥不怕險，打倒帝國難中華。
國弱民窮不志本，民富國強興國家。
康泉

工農受苦大
工農大家莫苦大，官家勢力東壓搾。
每年勞苦如牛馬，年及收入歸富家。
帝官往喜來欺貧，飢寒交迫淚汪下。
老幼少兒無人問，這種社會要變它。
真理喚醒民奮起，打倒舊制達新華。
工農力量大
工農人民力量大，反動勢力都害怕。
社會財富他們造，衣食住行全靠它。
工農苦難記心上，有誌之士要為他。
常言道民意不可期，民樂國興鵃志發。
有志仁人齊心計，富民強國想辦法。
糧苦團結去奮鬥，同心恊力建國家。
康泉

革命叛徒真可惡，做的壞事無法說。
出賣革命為己生，棋出同志把営坐。
只顧個人生與存，不管同志死與活。
革命同志要借鑒，除掉叛徒不能拖。
康泉

大位村土地改革委员会发给
于树仁的解放区土地证

1947 年

纵 33.2、横 20.2 厘米

2000 年河南省沁阳市柏香镇大位村村委捐献

竖长方形，白色棉纸。毛笔竖书行书 8 行。内容主要为实行土
地改革，实现耕者有田，大位村土地改革委员会将本村张道孔的
小凹地一段计两亩地分配给给于树仁，立字为证。落款有"大
位村土地改革委员会"公章及主任手印、村长私章。此土地证
为 1947 年沁阳县大位村土地改革委员会颁发给于树仁的土地证，
反映了沁阳县第一次土地改革的实施情况，为研究我国土地改革
运动提供了珍贵的实物资料。

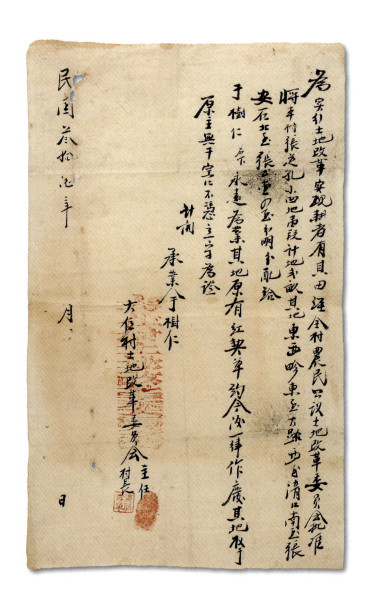

太行第四区行政督察专员公署布告

1949 年
纵 90、横 60 厘米
2000 年河南省沁阳市沁园办事处东荒村村民捐献

竖长方形，白色棉纸。内容主要是要求国民党军散兵游勇、党政人员及遣返回家的一切党政军人员必须遵守人民政府的一切法令，依法登记，上缴武器证件，改行就业；对那些仍执迷不悟，继续与人民为敌，顽固抵抗，进行破坏活动者，坚决依法予以严厉打击。布告签发人为专员耿起昌、副专员杨国平。落款时间为"中华民国三十八年六月六日"，加盖长方形"太行第四区行政督察专员公署印"篆印。

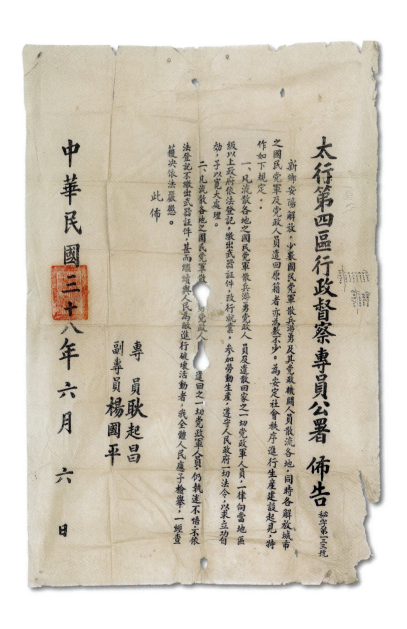

知识青年上山下乡落户介绍信

1969 年
纵 17 厘米、横 19.3 厘米
2000 年河南省沁阳市王占乡西渠沟村委会捐献

横长方形，白色棉纸，刻版油印。是沁阳县崇义公社革命委员会安置办公室为天水市李霞同志到西曲沟大队安家落户开具的介绍信。介绍信顶端印"最高指示 / 农村是一个广阔天地，在那里是可以大有作为的。"落款"崇义公社革命委员会安置办公室＜借章＞，六九 4 月 19 日"，并加盖"沁阳县崇义人民公社革命委员会办事组"红色圆形公章。

后记

作为一个国有地方综合性博物馆，编辑出版介绍馆藏文物的书籍，既是学术研究的成果，又是向社会各界展示馆藏文物历史、科学和艺术价值的方式。沁阳市博物馆自1984年建成开馆以来，在沁阳市委、市政府和上级文化文物主管部门的领导、关心和支持下，经过全馆干部职工的不懈奋斗，藏品日益丰富且独具特色。因此，全面展示丰富独特的馆藏文物，让读者对博物馆及其藏品有进一步的了解和认识，并在了解沁阳文化、欣赏人类文明、领略优秀传统文化独特魅力的同时，接受历史唯物主义、爱国主义教育和革命传统教育，让馆藏文物活起来，是我们编辑出版此书的初衷。

《沁阳市博物馆馆藏文物精粹》的编辑出版工作于2019年3月正式启动，历时一年半，经相关人员紧张而认真的努力，至2020年9月定稿。

本书由张红军全面负责。馆藏文物精粹的遴选、资料收集整理和编撰工作由张红军、宋婷、庞红琳完成。摄影由河南博物院摄影师牛爱红女士完成。审校、定稿由张红军完成。

本书在编辑和出版过程中，得到了河南博物院院长、研究馆员马萧林，河南博物院副院长、研究馆员张得水，河南博物院副院长、研究馆员李琴，河南博物院保管部主任、研究馆员张建民等专家的热情指导和帮助。马萧林院长在百忙中亲为本书作序。在此谨对马萧林院长及各位专家表示衷心的感谢！

本书的编辑出版，得到了沁阳市文化广电和旅游局、沁阳市文物保护管理中心领导的高度重视和大力支持。文物出版社也对本书的出版给予了具体的指导、付出了辛勤的劳动，在此一并感谢！

由于编者水平有限，书中问题在所难免，敬请业界专家不吝指正。

编者
2020年9月